역사 속 세기의 로맨스

역사 속 세기의 로맨스 17 스티븐슨과 핸더슨

2015년 9월 3일 초판 1쇄 인쇄
2015년 9월 9일 초판 1쇄 발행

글 박시연 / 그림 유수미
펴낸이 이철규 / 펴낸곳 북스
편집 강하나 / 편집디자인 이지훈

편집부 02-336-7634 / 영업부 02-336-7613 / FAX 02-336-7614
홈페이지 http://www.vooxs.kr / 등록번호 제 313-2004-00245호 / 등록일자 2004년 10월 18일

주소 서울특별시 광진구 동일로 4길 32 2층
값 10,800원
ISBN 978-89-6519-155-1 74800
　　　978-89-6519-043-1 (세트)

잘못된 서적은 구입하신 서점에서 교환하여 드립니다.
이 책은 저작권법에 의해 보호를 받는 저작물이므로 불법 복제와
스캔 등 무단 전재 및 유포·공유를 금합니다.

이 도서의 국립중앙도서관 출판시도서목록(CIP)은 서지정보유통지원시스템 홈페이지(http://seoji.nl.go.kr)와
국가자료공동목록시스템(http://www.nl.go.kr/kolisnet)에서 이용하실 수 있습니다.
(CIP제어번호 : CIP2015024068)

역사 속 세기의 로맨스

17 스티븐슨과 핸더슨

글 박시연 그림 유수미

독자 여러분의 사랑과 관심 덕분에 '역사 속 세기의 로맨스' 1부를 무사히 끝마치게 되었습니다. 열 번이나 되는 과거로의 여행을 통해 사랑에 대한 특별한 깨달음을 얻게 된 이지가 결국 주노와도 사랑의 결실을 맺게 되어 참 다행이라고 생각합니다.

하지만 이대로 이야기를 마치기에는 왠지 아쉬움이 남았습니다. 아직도 우리가 알고 싶은 세기의 로맨스는 많이 남아 있기 때문입니다. 그래서 다시 새로운 로맨스를 찾는 여행을 떠나기로 결심했습니다.

이번 이야기에서는 새로운 주인공 리사와 선재가 등장합니다. 리사는 성북동의 으리으리한 저택에서 공주님처럼 살고 있는 사장님의 따님이고, 선재는 병에 걸려 입원한 아빠 대신 리사네 집에서 잡일을 도맡아 하는 어린 집사입니다. 두 사람은 같은 학교에 다니고 있는 친구이기도 합니다.

언뜻 봐선 환경이 너무 다른 두 사람 사이에서 무슨 로맨스가 생길까 싶습니다. 하지만 사랑이란 원래 엉뚱한 곳에서 갑작스럽게 생겨

나는 감정이 아닐까요? 평소 도도하고 콧대 높은 리사지만 늘 선량하고 헌신적인 선재에게 조금씩 마음이 끌리기 시작합니다. 게다가 리사에게도 신비한 책 '세기의 로맨스'가 찾아옵니다.

이 책을 펼치는 순간 리사는 과거의 낯선 세계로 떨어져 역사에 남을 만한 사랑을 한 남녀 주인공을 만나게 됩니다. 그들과 함께 웃고 울며 사랑의 진정한 의미에 대한 깨달음을 얻어가는 리사.

리사는 과연 선재를 진심으로 좋아할 수 있게 될까요?

궁금하시다면 독자 여러분도 리사와 함께 세기의 로맨스를 찾는 여행을 떠나보시죠.

박시연

머리말 _6

위기의 기말고사 _11

특훈! 특훈! 특훈! _26

어린 광부 스티븐슨과의 만남 _50

견습 광부의 하루 _70

야학의 앙숙 _93

끔찍한 위기 _116

거듭되는 실패 _141

당신의 꿈이 달리고 있다오! _161

부록 증기기관차의 발명 _177

1
위기의 기말고사

 교실 구석에서 잠든 리사를 가운데 두고 선재와 찬영이는 서로를 노려보고 있었다. 찬영이가 리사를 가리키며 선재에게 쏘아붙였다.
 "너, 방금 리사한테 무슨 짓을 하려고 했어?"
 "……."
 "이 자식! 똑바로 대답해!"
 찬영이 선재의 멱살을 와락 잡았다. 선재는 당황하지 않고 차분하게 답했다.
 "리사가 걱정돼서 깨우려고 했을 뿐이야."
 "거짓말!"
 "무슨 근거로 거짓말이라고 하지?"
 "이 자식이 그래도!"

파아악!

찬영이가 주먹을 날렸지만 선재가 팔을 뻗어 막았다.

"이이……!"

팔과 팔을 맞댄 상태에서 선재와 찬영이가 이를 악물고 버텼다.

"으응……!"

잠들어 있던 리사가 소란에 천천히 눈을 떴다. 험악한 기세로 뒤엉켜 있는 두 친구를 발견한 리사가 깜짝 놀라 일어섰다.

"너, 너희들 뭐하는 거야?"

"선재 이 자식이 너한테 못된 짓을 하려고 했어!"

"못된 짓이라니?"

리사가 쳐다보자 선재는 당황했다.

"아, 아니야. 나는 아무 짓도 안 했어."

"리사한테 뽀뽀하려고 했잖아!"

"……!"

찬영이가 버럭 고함을 지르자 리사의 눈이 휘둥그레졌다. 리사가 얼굴이 새빨개진 선재를 돌아보았다.

"이선재, 정말이야?"

"아, 아니야! 난 억울해!"

"억울하긴 뭐가 억울해!"

다시 선재에게 덤벼드는 찬영이를 리사가 억지로 뜯어말렸다.

"찬영아, 그만해!"

"비켜! 절대 못 참아!"

이때 교실 문이 열리며 반 친구들이 우르르 들어왔다.

"어라, 찬영이잖아?"

"리사와 선재도 있네."

아이들이 이상하다는 듯 쳐다보자, 세 사람은 떨어질 수밖에 없었다. 그제야 친구들의 눈이 교실 천장으로 향했다.

"와아, 굉장하다!"

"드디어 천장화가 완성됐구나!"

"어쩜! 얼룩 한 점 없이 완벽해!"

선재가 리사를 돌아보았다. 선재의 눈에는 감사의 빛이 가득했다. 리사도 고개를 살짝 끄덕여 선재의 마음을 알고 있다는 표시를 했다. 찬영이만이 여전히 성난 눈으로 선재를 쏘아보고 있었다.

소동은 여기서 끝난 게 아니었다. 그날 수업이 시작하기도 전에 리사의 핸드폰에서 불이 났다. 아침에 깨어나 리사가 방에 없는 것을 확인한 성 여사가 기절할 듯이 놀라 딸에게 전화를 건 것이다.

"엄마, 실은 환경미화 마무리를 위해서 새벽 일찍 나왔어요. 엄마 깨울까봐 얘기하지 않고 조용히 나왔지."

어설픈 거짓말에 다행히 성 여사는 속아주었다.

"한 번만 더 엄마 모르게 집을 나갔다간 혼날 줄 알아."

"네, 엄마."

전화를 끊으면서 리사는 안도의 한숨을 길게 몰아쉬었다. 말도 많고 탈도 많았던 환경미화 준비가 드디어 끝난 것이다.

모두의 예상대로 학급환경미화 평가에서 선재의 천장화는 높은 점수를 받았다. 교실로 들어온 교장선생님을 비롯한 선생님들은 천장화를 보자마자 입을 떡 벌렸다.
"뷰티풀~ 정말 아름다워요!"
"중학교 교실에서 이런 수준 높은 그림을 보게 되다니!"
"마치 미술관에 와 있는 것 같지 않아요?"
"반애들의 얼굴을 하고 있는 요정들이 인상적이네요!"
당연히 리사의 반이 환경미화에서 1등을 차지했다. 선생님과 반애들은 올림픽에서 금메달을 딴 것처럼 기뻐했고, 선재에겐 칭찬이 쏟아졌다. 그동안 1학년 1반의 미운 오리 새끼였던 이선재가 백조가 되어 화려하게 날개를 펴는 순간이었다. 선재를 따돌리던 친구들은 선재를 다시 보기 시작했다. 그리고 선재와 친해지기를 원했다. 친구들에게 둘러싸인 선재를 보면 리사는 절로 흐뭇해졌다. 단 한 가지 걸리는 것은 찬영이의 눈빛이었다. 리사가 밤을 지새우면서까지 선재를 도왔다는 사실을 알게 된 찬영이는 전에 없이 싸늘한 눈빛으로 리사를 바라보곤 했다.
"찬영이와도 화해하고 싶은데, 무슨 방법이 없을까……?"

"저기, 찬영아…….."

날씨가 점점 무더워지는 여름날 오전에 리사는 복도에서 찬영이를 발견하고 불러 세웠다. 지난 며칠간 찬영이는 리사와 단 한 마디도 하지 않던 참이었다.

"무슨 일인데?"

"나한테 화 많이 났어?"

"내가 너한테 화가 났다고? 대체 왜?"

"선재의 천장화를 도와준 일 때문에……."

"전혀!"

찬영이 쿨하게 대답하자, 리사는 오히려 당황했다.

"하, 하지만 며칠째 나와 말 한 마디 섞지 않았잖아?"

"그야 네가 선재와 늘 붙어 있으니까 대화를 할 기회가 없었던 거지."

"그, 그런가? 그럼 나한테 화나 있는 거 아니지?"

"내가 왜 너한테 화를 내겠어?"

"그럼 다행이고……."

"수업 시작하겠다. 들어가자."

교실을 향해 돌아서던 찬영이 문득 리사에게 물었다.

"아참, 오늘 방과 후에 우리 집에 오지 않을래?"

"너희 집에는 왜?"

"친구들끼리 모여서 기말고사 공부를 같이 하기로 했거든."

"으음…… 좋아."

"선재도 데려오고 싶으면 데려와도 돼."

"정말?"

반색하던 리사가 재빨리 표정을 관리했다.

"찬영이 네가 싫으면 억지로 부를 필요는 없어."

"무슨 소리야. 우리 셋은 친구잖아."

시원하게 미소 짓는 찬영이의 얼굴에 리사는 안도했다. 자신이 괜한 걱정을 했던 것이다.

그날 학교가 끝난 후에 리사와 선재는 찬영이를 따라갔다. 아진이, 윤지, 가빈이도 함께였다. 친구들과 즐겁게 대화를 나누며 앞서가는 찬영이를 약간 떨어져서 따라가던 선재가 걱정스런 눈으로 리사에게 말했다.

"정말 괜찮을까?"

"응, 뭐가?"

"내가 찬영이네 집에 가는 거."

"괜찮지 않고."

"하지만……."

철썩!

"윽!"

리사가 등을 세게 때리자 선재가 움찔했다.

"이제는 좀 당당해져. 너는 이제 예전의 왕따가 아니라 우리 반을

학급환경미화 1등으로 이끈 히어로라고."

"으음……."

"우와아!"

찬영이네 집 대문 안으로 들어서며 리사마저 입을 떡 벌렸다. 리사네 집도 컸지만 찬영이네 집과는 비교할 바가 못 되었다. 대문에서 본관까지 넓게 펼쳐진 잔디밭 위로 수영장과 테니스장, 농구장까지 갖춰진 마당을 가로지르는 데만도 5분은 족히 걸렸다. 현관 앞에는 턱시도를 입은 인상 좋은 아저씨와 양장 차림의 예쁜 아줌마가 나란히 서 있었다.

"어서 오십시오, 도련님."

"오늘은 친구 분들과 함께 오셨군요?"

찬영이 자신을 향해 정중하게 인사하는 아저씨와 아줌마를 친구들에게 소개했다.

"이쪽은 우리 집 집사 아저씨, 그리고 이쪽은 메이드 부장인 윤 여사님."

"어서 오십시오. 환영합니다."

집사 아저씨와 부장 아줌마가 리사와 친구들을 향해 친절하게 미소 지었다. 부장 아줌마의 시선이 문득 리사에게로 향했다.

"아가씨가 혹시……?"

"이 친구가 바로 리사예요."

찬영이 리사를 소개하자 아줌마의 표정이 환해졌다.

"아……! 이분이 바로 리사 아가씨군요. 정말 반갑습니다, 아가씨."

"네에, 저도 반가워요."

어리둥절한 리사의 등을 찬영이가 살짝 밀었다.

"이제 그만 들어가자. 윤 여사님, 우리 간식 좀 부탁해요."

"이게 간식이라고……?!"

오후의 빛살이 환하게 비추는 널찍한 방안에서 리사와 선재는 다시 한 번 입을 벌릴 수밖에 없었다. 친구들이 둘러앉은 둥근 테이블 한복판에 놓인 쟁반에는 온갖 열대과일과 열 종류가 넘는 수제 머핀, 비스킷 등이 담겨 있었다. 그릇과 찻잔 하나에도 자연스럽게 기품이 흘렀다. 리사는 새삼 찬영이네가 엄청난 부자라는 사실을 떠올리며 과자를 먹었다.

"슬슬 공부를 시작해볼까?"

찬영이 깍지 낀 손가락을 꺾으며 자리에서 일어났다. 리사와 선재도 책과 노트를 펼쳤다. 맛있는 과자를 먹으며 느긋하게 공부하려던 두 친구는 그러나 곧 계획을 수정할 수밖에 없었.

드르르륵!

찬영이 커다란 화이트보드를 밀고 왔기 때문이다. 리사가 화이트보드 옆에 선 찬영이에게 물었다.

"그건 어디에 쓰려고?"

의아한 표정을 짓는 리사를 향해 찬영이 싱긋 웃었다.

"아, 내가 얘기 안 했구나? 우리들은 얼마 전부터 수학문제 풀기 배틀을 하고 있었어."

"배틀?"

"응! 한 사람이 문제를 풀고 나면 다음 사람을 위한 문제를 내는 거야. 그리고 다음 사람이 그 문제를 풀고 다시 새로운 문제를 내는 식이지. 이렇게 하면 수학 공부도 지겹지 않고 꼭 게임을 하는 것처럼 재미있거든."

"하, 하지만……."

안색이 굳어지는 선재를 힐끔 보며 리사가 말끝을 흐렸다. 리사의 시선이 선재 옆에 앉은 아진이, 윤지, 가빈이에게로 옮겨졌다. 그러고 보니 오늘 함께 온 친구들은 전부 전교 10등 안에 드는 우등생들이었다. 딱 한 사람, 선재만 빼고.

'혹시 찬영이가 선재를 골탕 먹이려고 일부러……?'

거기에 생각이 미친 리사가 찬영이를 휙 째려보았다. 그러나 싱글벙글 웃는 찬영이의 얼굴에서 음모의 흔적은 찾아볼 수 없었다.

'맞아, 우연이겠지. 찬영이가 그렇게까지 치졸할 리 없어.'

리사가 고민하는 사이에 찬영이 첫 번째 문제를 칠판에 적었다.

"첫 번째 문제는 조금 어려운 걸로 해볼까?"

화이트보드에 적힌 문제는 과연 리사가 보기에도 복잡했다. 찬영이가 친구들을 둘러보며 씨익 웃었다.

"이 어려운 문제를 풀 첫 번째 사람은 누구?"

찬영이의 손가락이 아진이에게로 향했다.

"아진이 너!"

"쳇! 꼭 어려운 건 나한테 시키더라."

아진이가 입술을 비쭉이며 일어섰다. 하지만 불평과는 달리 아진이는 일사천리로 문제를 풀었다. 화이트보드 위를 가득 메운 복잡한 공식의 끝자락에 정답을 적으며 아진이가 찬영이를 돌아보았다.

"답은 −0.05야!"

"정답!"

"그럼 이제 내가 문제를 낼 차례지?"

정답을 확인한 아진이가 새로이 낸 문제는 찬영이가 냈던 것보다 더 어려운 것이었다. 화이트보드를 뒤로하고 돌아선 아진이 배시시 웃으며 리사를 보았다.

"강리사, 실력 좀 보여줄래?"

"으음……."

아진이와 시선을 마주하며 리사는 가슴 밑바닥에서 경쟁심이 꿈틀대는 것을 느꼈다. 아진이는 지금 노골적으로 도발해오고 있는 것이다. 리사가 딱딱하게 굳은 얼굴로 일어섰다.

"후우우……!"

펜을 잡고 문제를 살피던 리사가 이내 천천히 풀기 시작했다. 복잡한 문제를 풀어나가는 동안 리사는 선재의 존재를 까맣게 잊고 말았다. 오직 치열한 경쟁심만이 리사의 마음을 가득 채웠다.

"답은 0이야!"

"……!"

얼굴이 벌겋게 상기된 리사가 빙글 돌아서며 외치자 아진이 놀라 눈을 크게 떴다. 당황하는 아진이를 보며 리사는 내심 쾌재를 불렀다. 순간 리사와 선재의 눈이 딱 마주쳤다. 선재는 이미 절반쯤 영혼이 빠져나가버린 듯한 얼굴을 하고 있었다.

'으음, 선재를 구하려면 최대한 쉬운 문제를 내는 수밖에 없겠어.'

다시 화이트보드를 향해 돌아선 리사는 아진이와 자신이 풀었던 문제와는 비교조차 할 수 없을 정도로 쉬운 문제를 적었다. 솔직히 속이 너무 빤히 들여다보여 살짝 민망했지만 어쩔 수 없는 노릇이었다.

'선재도 이 정도는 풀 수 있을 거야.'

아진이와 윤지가 당장 입술을 삐죽거렸다.

"야, 강리사! 수준 떨어지게 뭐하는 거야?"

"그 정도는 초딩들도 풀 수 있다고."

리사가 애써 무시하며 재빨리 선재를 가리켰다.

"이 문제는 선재 네가 풀도록 해."

"……!"

당황스런 표정을 짓고 있던 선재가 천천히 일어섰다. 그리고 리사가 건넨 펜을 받으며 화이트보드 앞에 섰다.

"이선재, 파이팅!"

리사가 나직이 중얼거리며 선재를 지나쳤다. 그리고 다른 친구들과 함께 서서 화이트보드 앞에 우두커니 선 선재의 뒷모습을 바라보았다. 선재는 한동안 등을 보인 채 머뭇거리고 있었다. 그래도 리사는 크게 걱정하지 않았다.

'후훗! 저렇게 쉬운 문제를 풀지 못할 리가 없지. 어쩌면 너무 싱거워서 맥이 빠져버린 것인지도…….'

그러나 리사의 기대와는 달리 의미 없는 숫자 몇 개를 끼적이던 선재가 힘없이 돌아섰다. 늘 느긋하던 선재의 이마에 땀방울이 송골송골 맺힌 것을 발견하고 리사는 비로소 알아차릴 수 있었다. 선재가 저런 문제조차 풀 수 없는 아이란 사실을.

"미, 미안. 아무래도 내가 방해가 된 거 같다."

"미안할 필요까진 없어. 하지만 살짝 흥이 깨진 건 사실이야."

찬영이의 입가에 흐릿한 비웃음이 떠올랐다. 천장화의 대성공 덕분에 선재를 다시 보기 시작했던 아진이, 윤지, 가빈이의 눈빛도 변했다. 친구들의 눈은 꼭 이렇게 말하고 있는 것 같았다.

'맞아, 우린 그동안 환상에 빠져 있었던 거야. 이선재는 원래 가난하고 공부도 못하는 왕따에 불과했어.'

선재는 친구들의 실망스런 눈빛을 순순히 받아들이는 듯했다. 리사가 오히려 화를 참지 못하고 부들부들 떨었다. 리사는 자신의 힘으로 미운 오리새끼였던 선재를 백조로 성장시킨 것에 대해 은근 자부심을 느끼고 있었다. 그런 선재가 자신 앞에서 다시 오리새끼로

전락하려 하고 있었다.

리사가 선재를 대신해 항변했다.

"선재가 수학에 약한 건 당연해. 선재는 우리와는 달리 하루 종일 정원을 돌보고, 연못을 청소해야 하거든. 대체 언제 공부할 시간이 있었겠니?"

"그건 변명이 안 되는 것 같은데."

찬영이의 한쪽 입술이 슬쩍 올라갔다.

"우리가 위인이라고 부르는 사람들은 대부분 선재처럼 어려운 환경에서 자랐어. 하지만 그 모든 어려움을 극복하고 열심히 공부한 덕분에 훌륭한 사람이 되었지. 선재처럼 환경이 나쁘다고 해서 공부를 포기한다면 결국 미래의 희망도 포기한다는 뜻이 아닐까? 만약 선재가 그런 친구라면 조금 실망인걸."

"으음……."

리사는 약이 바싹 올라 입술만 잘근잘근 깨물었다. 선재가 리사를 스쳐 급히 방을 빠져나가려고 했다.

"나, 난 이만 갈게."

"잠깐!"

콰악!

리사가 선재의 손목을 낚아챘다. 그리고 찬영이와 친구들의 얼굴을 똑바로 보았다.

"선재는 절대 미래를 포기하거나 하지 않아. 이제부터 열심히 공

부해서 기말고사에선 반 석차 5등 안에 들 테니까."

"하하! 선재의 현재 성적을 알고서 그런 소릴 하는 거야? 그런데 갑자기 5등 안에 들겠다고? 그게 말이 된다고 생각하니?"

"그건 찬영이의 말이 맞아."

"5등은 너무했다."

"무리야, 무리."

키득거리는 친구들을 향해 리사가 빽 소리쳤다.

"5등 안에 들 테니까 두고 보란 말이야!"

씩씩대는 리사 옆에 선재가 어두운 얼굴로 서 있었다.

2
특훈! 특훈! 특훈!

"아니지, 아니야. 여기서 a<b, c<0이면 ac>bc는 거짓이 되는 거야. 반면 a>b, c<0이면 ac<bc는 참이 되는 거지. 이해했어?"

다음 날부터 리사와 선재는 기말고사를 위한 특훈에 돌입했다. 리사는 선재의 방 책상 머리맡에 아예 〈목표 기말고사 5등!〉이라고 대문짝만하게 적힌 종이를 떡하니 붙여놓았다. 그리고 시간이 날 때마다 뽀르르 달려와 선재와 수학 문제를 풀고, 영어 지문을 해석하곤 했다.

"Once there was a king named Midas. He loved his people, but loved gold more. One day he said to a god, 'I wish that everything i touch turns to gold.' 자, 이 문장을 해석해볼까?"

"으음……."

"쉬운 문장이야. 어서 해봐."

"한때, 미다스라고 불렸던 왕이…… 있었다."

"옳지!"

"그는 금을…… 금을 사랑했는데……"

"그래서?"

"후우우……! 더는 못 하겠어."

"이런 간단한 지문도 해석 못 하면 어떡해? 잘 들어봐. 한때 미다스라는 왕이 있었다. 그는 그의 백성들을 사랑했다. 그러나 그보다 금을 더 사랑했다. 어느 날 그는 신에게 말했다. '나는 내가 만진 모든 것이 금으로 변하길 바랍니다.' 이제 알겠지?"

리사가 짜증을 부릴 때마다 선재의 표정은 어두워졌다. 지금까지 공부와 담을 쌓고 살았는데 갑자기 우등생이 된다는 건 불가능에 가까웠다. 하지만 선재가 어떻게 생각하든 리사는 포기할 마음이 없는 것 같았다.

"천장화 이후 아이들이 널 다르게 보기 시작했어. 이제 공부만 잘하면 아무도 널 무시하지 못할 거야. 그러니까 조금만 힘을 내자, 응?"

"……."

리사의 얼굴을 물끄러미 보던 선재는 결국 고개를 끄덕일 수밖에 없었다. 하지만 그렇다고 무작정 공부를 할 수 있는 상황도 아니었다.

"선재야! 이선재, 어디에 있니?"

시시때때로 성 여사와 양평댁이 선재를 불러 집안일을 시켰기 때문이다. 리사는 선재를 좀 더 붙잡아두지 못하는 게 안타까울 뿐이었다.

"미치겠다, 정말. 일 분 일 초가 아까운데 계속 불러내면 어쩌라는 거야?"

입술을 잘근잘근 깨물며 고민하던 리사는 결국 방법을 찾아냈다.

"그래, 아빠한테 부탁해야겠어. 선재에게 호의를 갖고 있는 아빠는 분명 선재에게 자유 시간을 주실 거야."

그날 저녁, 회사 일이 바빠 매일 늦게 들어오던 강 사장이 오랜만에 가족들과 저녁식사를 했다. 양평댁이 아빠가 좋아하는 도미찜이며 갈비찜을 내온다고 한바탕 부산을 떨었다. 엄마도 모처럼 아빠와 대화를 나누며 유쾌하게 웃고 있었지만 리사만은 젓가락을 입에 문 채 아빠의 눈치를 슬슬 살폈다.

강 사장이 리사를 힐끗 쳐다보았다.

"리사는 할 말 있으면 어서 해봐라."

"네?"

"아까부터 밥은 안 먹고 아빠 눈치만 살폈잖니. 할 말 있으면 그냥 하렴."

"하하……! 제, 제가 그랬었나요?"

"무슨 말인데 그렇게 뜸을 들여?"

머리를 긁적이는 리사를 성 여사도 의아한 듯 보았다. 물을 한 모금 들이켠 리사가 결심한 듯 입을 열었다.

"저…… 아빠. 선재한테 자유 시간을 좀 더 주면 안 될까요?"

"또 선재 얘기니?"

대번에 인상을 쓰는 성 여사를 강 사장이 말렸다.

"일단 들어봅시다. 계속 해보렴."

"실은 보름 후에 기말고사가 있어요."

"그런데?"

"지금 선재의 성적이 꼴찌에서 두세 번째거든요. 이번에 마음을 독하게 먹고 반에서 5등까지 성적을 올리기로 결심했는데 집안일이 너무 바빠서 도대체 공부할 시간이 없어요."

"그래서 기말고사 때까지 선재에게 집안일을 덜 시키고, 공부할 시간을 달라?"

"네."

"흐음……."

강 사장이 고민하는 사이 성 여사가 리사를 향해 목소리를 높였다.

"그러니까 선재 그 녀석의 성적을 왜 네가 신경을 쓰는 거니, 대체?"

"선재와 저는 친구라고 말했잖아요. 게다가 한 집에서 살고 있는 선재가 친구들의 놀림감이 되는 것도 싫어요."

"선재는 네 친구가 아니라 고용인이라고 대체 몇 번을 말해야 알아듣겠어?"

"여보, 그만하구려."

"하지만, 여보!"

"같은 반에서 공부하는 아이들이 서로를 친구라고 생각하는 건 당연하지 않소? 그리고 선재 아빠가 우리 고용인인 거지, 엄밀히 말해 선재는 우리 집에서 일하는 아이는 아니오."

"그렇지만 선재가 그 아빠를 대신해 일하는 조건으로 우리 집에서 지내고 있잖아요."

"그래도 공부를 하겠다는 아이를 어떻게 말리겠소?"

"당신은 왜 선재 얘기만 나오면 두둔하는지 모르겠어요."

성 여사가 짜증을 부렸지만 강 사장의 결정을 막을 수는 없었다.

"좋아, 기말고사 때까진 시간을 충분히 줄 테니 한번 해보라고 하렴. 대신 반에서 5등 안에 들지 못하면 밀린 일을 나중에 다 해야 한다고 전해라."

"네, 꼭 전할게요!"

신이 나서 대답하는 리사를 성 여사가 불만 가득한 눈으로 보았다.

다음 날 학교가 끝나자마자 선재는 서둘러 복도를 빠져나갔다. 뒤쪽에서 리사가 부르는 소리가 들렸다.

"야, 이선재! 같이 가!"

"늦었어! 빨리 가야 해!"

"왜 이리 허둥대?"

"오늘 할 일이 아주 많아. 나무에 거름도 줘야 하고, 뒷마당에 묘

목도 새로 심어야 되거든."

리사가 선재의 팔을 잡으며 씨익 웃었다.

"오늘부터 그런 일 안 해도 돼."

"그게 무슨 소리야?"

"당분간 박 기사 아저씨가 네 일을 대신 해주기로 했거든."

"……?"

"내가 아빠한테 부탁했어. 기말고사 때까지만 네가 공부할 수 있는 시간을 빼달라고. 아빠도 흔쾌히 허락하셨어. 대신 5등 안에 못 들면 그동안 밀린 일을 한꺼번에 시킨다고 했으니까 정신 똑바로 차려."

"싫어!"

선재가 싸늘하게 거부의 말을 내뱉자 리사의 눈이 휘둥그레졌다.

"싫다니…… 대체 왜?"

"나 때문에 다른 사람이 피해보는 게 싫어."

"박 기사 아저씨 때문이라면 걱정 마. 일이 많아지면 아빠가 인부들을 따로 부르겠다고 했어."

"그뿐이 아니야. 나는 어쨌든 너희 집에서 신세를 지고 있어. 그런데 공부를 핑계로 아무 일도 하지 않는다면 너무 염치없는 짓이야."

"괜찮다니까. 아빠가 다 허락한 일이야."

"사장님은 리사 널 보고 허락하셨겠지! 문제는 내 마음이 불편하다는 거야!"

선재가 버럭 화를 내자 리사는 움찔했다. 옆을 지나가던 아이들이 리사와 선재를 힐끔거렸다. 코끝이 찡해지는 것을 느끼며 리사는 입술을 깨물었다.

'전부 자기를 위해서 한 일인데, 왜 화를 내는 거야……?'

섭섭한 마음에 당장이라도 눈물이 흐를 것만 같았다. 다행인지 불행인지, 이때 찬영이의 목소리가 들렸다.

"여어, 너희들 설마 싸우는 거냐?"

"싸우긴 누가 싸웠다고 그래!"

리사가 토라진 목소리로 쏘아붙였다.

"흐음…… 싸우는 게 아니란 말이지?"

리사와 선재의 얼굴을 번갈아 보던 찬영이가 불쑥 말했다.

"그럼 우리 피자 먹으러 갈까?"

"그, 그러지 뭐."

"난 바빠서 먼저 가볼게."

선재가 리사와 찬영이를 뒤로하고 돌아서버렸다. 복도를 빠져나가는 선재의 뒷모습을 보며 리사가 입술을 깨물었다.

'얄미워 죽겠어, 정말……!'

그날 오후에 리사는 찬영이와 피자도 먹고, 서점에 가서 책도 골랐다. 나름 즐거운 시간이었지만 리사의 머릿속은 온통 선재에 대한 생각뿐이었다.

'흥! 공부하기 싫어서 화를 냈겠지. 수학 문제를 풀고, 영어 문장

을 암기하는 것보다 나무를 심고, 연못을 청소하는 게 더 편한 거야. 한심한 녀석 같으니!'

리사는 생각할수록 화가 치밀었다. 리사의 굳은 얼굴을 힐끔거리던 찬영이가 불쑥 물었다.

"잘돼가고 있어?"

"응? 뭐가?"

"이선재 우등생 만들기 프로젝트 말이야."

"다, 당연하지."

"정말?"

"정말이지 않고."

찬영이 의심스런 눈으로 쳐다보자 리사는 부러 자신 있게 대답했다.

"두고 봐! 선재가 반드시 5등 안에 들게 해보일 테니까!"

"그래, 나도 관심 있게 지켜볼게."

의미심장하게 웃는 찬영이의 얼굴에 리사는 눈물이라도 흘리고 싶은 기분이었다.

찬영이와 헤어지고 리사는 우울한 기분으로 집으로 향했다. 생각에 잠겨 골목을 걸어가던 리사는 갑작스런 울음소리에 걸음을 멈추었다. 놀이터에서 예닐곱 살 정도의 사내아이가 서럽게 울고 있는 게 보였다.

"우와앙~ 엉망이야! 다 망쳐버렸어!"

"얘, 무슨 일인데 그러니?"

아이를 향해 다가가던 리사가 멈칫했다. 아이의 발밑에 퍼즐 조각들이 어지럽게 흩어져 있는 게 보였다.

"퍼즐을 쏟았구나?"

"거의 다 맞췄는데 실수로 그만……."

아이의 눈에 눈물이 그렁그렁했다. 리사가 아이 앞에 쪼그리고 앉아 조각들을 주워 맞추기 시작했다.

"울지 마. 누나가 도와줄게."

"헤헤! 고마워."

살짝 밝아졌던 아이의 표정은 그러나 시간이 흐를수록 조금씩 일그러졌다. 퍼즐 맞추기에 집중하는 리사를 내려다보던 아이가 거의 완성된 퍼즐을 손바닥으로 쳐서 다시 흩어버렸다.

타악!

"으악! 무슨 짓이야?"

발끈하는 리사를 향해 아이가 씩씩거렸다.

"누나 혼자 내 퍼즐을 다 맞춰버렸잖아!"

"그야 너를 도와주려고……."

"아무리 그래도 누나가 다 맞추면 무슨 소용이야? 그럼 내 퍼즐이 아니라 누나 퍼즐이 되는 거잖아!"

"아……!"

순간 리사의 입술을 비집고 신음이 흘러나왔다. 아이가 왜 화를 내는지 이해를 한 순간 자신이 선재에게 무엇을 잘못했는지 깨닫게 되었던 것이다.

'선재를 위해서라고 했지만 어쩌면 나를 위해서였는지도……'

리사가 휙 돌아서서 집을 향해 뛰어갔다.

"꼬마야, 미안! 다음에 또 보자!"

"헉헉……!"

숨을 헐떡이며 집으로 들어온 리사는 선재부터 찾았다. 정원 한쪽 큰 나무에 사다리를 놓고 올라가 가지치기를 하고 있는 선재의 모습이 보였다. 리사가 숨을 고르며 선재에게 다가갔다. 자신 쪽을 보지도 않는 선재를 조용히 올려다보던 리사가 착 가라앉은 소리로 입을 열었다.

"미안…… 내가 사과할게."

"!"

"내가 너무 제멋대로 굴었어."

그제야 선재가 리사를 돌아보았다.

"선재 너는 네가 하고 있는 일도 소중하다고 말하고 싶었던 거잖아. 그런데 나는 네가 소중하게 생각하는 일 따윈 아무것도 아니라고 멋대로 생각해버렸어. 너와 네 일을 무시한 것에 대해 다시 한 번 사과할게."

리사의 말을 묵묵히 듣고 있던 선재가 사다리에서 내려왔다. 그리고 리사 앞에 우뚝 섰다. 리사의 눈을 들여다보던 선재가 천천히 고개를 끄덕였다.

"나도 열심히 해볼게."

"응?"

"5등 안에 들 수 있을지는 모르겠지만 기말고사 때까지 최선을 다해보겠다고."

"아……!"

리사가 선재의 손을 덥석 잡고 위아래로 크게 흔들었다.

"고마워! 정말 고마워!"

"무슨 소리야? 고맙다는 말은 내가 해야지."

"일단 이 공식을 여기에 대입해봐. 그럼 X와 Y의 값을 자연스럽게 구할 수 있겠지?"

"아, 그렇게 되는 건가?"

선재와 리사는 방과 후면 학교 근처의 도서관으로 가 공부를 했다. 선재의 공부를 도우며 리사는 두 가지 사실에 놀랐다. 첫 번째는 선재가 의외로 머리가 좋다는 것이었고, 두 번째는 머리가 좋은 것에 비해 공부 기초가 너무 없다는 것이었다. 그래서 리사는 더욱 조바심이 났다. 아예 가능성이 없다면 포기했을 텐데 선재에겐 가능성이 충분했다. 그러나 그 가능성이란 것도 짧은 시간 안에 성적을 끌어올리기엔 부족했다. 그렇기에 선재를 더욱 독려할 수밖에 없었다.

"아니지, 아니야! 그렇게 푸는 게 아니라고 했잖아! X의 변을 Y의 변에 대입시켜야 답을 구할 수 있다니까!"

"……!"

저도 모르게 목소리를 높이는 리사의 얼굴을 선재가 멍하니 보았다. 다른 학생들도 휘둥그레진 눈으로 리사를 쳐다보았다. 사서 언니가 다가와 리사에게 경고를 주었다.

"다른 학생들에게 방해가 되지 않도록 주의하렴."

"죄송해요."

리사가 얼굴을 붉히며 선재를 돌아보았다.

"소리쳐서 미안해."

"아니야. 너도 답답했겠지."

"그렇지 않아. 너는 잘 따라오고 있어. 그래서 내가 점점 더 욕심을 내는 거지만."

리사가 벌떡 일어섰다.

"잠깐 나갈래?"

"어딜 가려고?"

"머리도 식힐 겸 바람이라도 쐬고 오자."

도서관 주변은 숲이 울창한 도심 공원이었다. 여름을 맞아 나무들이 새파랗게 살아나고 있었다. 해질 무렵의 숲을 걷고 있자니 기분이 절로 좋아졌다. 하나둘 가로등이 밝아오는 공원을 리사와 선재는 나란히 걸었다. 시원한 저녁바람에 머리카락이 날리는 것을 귀 뒤로 넘기며 리사는 어쩌면 자신이 부질없는 짓을 하고 있는지도 모른다고 생각했다. 선재는 지금도 충분히 열심히 하고 있다. 어쩌면 자신의 욕심 때문에 선재를 괴롭히고 있는 것은 아닐까.

"후우우……."

리사가 저도 모르게 한숨을 푹 쉬었다. 선재가 정면을 응시한 채 툭 내뱉었다.

"실은 나도 하고 싶어."

"뭐?"

"나도 공부를 잘하고 싶다고. 네 말대로 공부를 잘하면 선생님한테 인정도 받고, 친구들한테 인기도 높아질 테니까."

"피이~ 거짓말!"

"못 믿겠다는 거야?"

"내가 이선재를 몰라? 나를 실망시키고 싶지 않아서 그렇게 말하는 거잖아."

"그런 게 아닌데……."

"고마워."

"응?"

"넌 늘 제멋대로인 나한테 맞춰주잖아."

"……!"

인적이 끊긴 공원 한복판에 마주서서 리사와 선재는 서로의 눈을 들여다보았다. 어디선가 열기를 품은 바람이 불어와 두 친구의 머리카락을 흔들고 지나갔다. 리사는 이 어색한 분위기에서 빨리 탈출해야겠다고 생각했다. 그런데 이상하게도 꼼짝할 수가 없었다.

"여어~ 경치 좋은데!"

낯선 목소리가 들려온 것은 그때였다. 차림새도 그렇고 말투도 그렇고, 불량기가 줄줄 흐르는 남학생 넷이 리사와 선재를 에워쌌다.

"너희들, 사귀냐?"

"도서관에 왔으면 공부를 해야지."

한 남학생이 리사의 머리카락을 만지며 히죽거렸다.

"이 녀석 제법 예쁘게 생겼네? 너 이름이 뭐니?"

"만지지 마!"

타악!

리사가 남학생의 손을 거칠게 쳐냈다. 하지만 남학생은 물러설 생각이 전혀 없는 것 같았다. 남학생이 씩씩대는 리사의 얼굴을 들여다보며 씨익 웃었다.

"어떡하지? 나는 하지 말라면 더하고 싶어지는 성격인데. 이렇게 말이야."

남학생이 이번엔 리사의 뺨을 만졌다. 리사는 다시 뿌리치려고 했다. 그런데 선재가 조금 빨랐다.

퍼억!

"으앗!"

선재가 주먹을 휘두르자 남학생이 힘없이 쓰러졌다.

"헉…… 헉헉……!"

무서운 얼굴로 씩씩대는 선재를 리사가 놀란 눈으로 쳐다보았다. 평소 얌전하기만 하던 선재가 자신을 위해 용기를 냈다는 사실이 기쁘기도 했고, 공격당한 남학생이 선재를 그냥두지 않을 것 같아 두렵기도 했다. 아니나 다를까, 바닥에 주저앉아 있던 남학생이 벌떡 일어나 주먹을 날렸다.

"이게 어디서!"

"리사를 괴롭히면 안 참아!"

퍽! 퍽퍽! 퍼억!

선재와 남학생은 한 발짝도 물러서지 않고 주먹다짐을 벌였다. 두 사람의 얼굴이 금방 벌겋게 달아올랐다. 그러나 애초 상대가 되지 않는 싸움이었다. 남학생은 선재보다 나이도 많았고, 옆에 친구들까지 있었다.

친구들이 곧 선재의 팔을 붙잡아 옴짝달싹 못하게 만들었다. 씩씩대던 남학생이 선재의 복부에 주먹을 꽂았다.

"으헉!"

"선재야!"

"넌 얌전히 있어!"

선재에게 달려가려는 리사를 한 친구가 가로막았다. 남학생이 선재의 멱살을 와락 잡고 으르렁거렸다.

"더 맞기 싫으면 잘못했다고 빌어! 빨리!"

"끄으으……."

선재가 신음을 흘리며 리사를 힐끗 돌아보았다. 리사가 눈물을 쏟으며 정신없이 외쳤다.

"선재야, 그냥 잘못했다고 말해!"

"그렇게는 못해!"

"이 자식이 정말!"

남학생이 주먹을 확 쳐드는 순간, 고함소리가 들려왔다.

"어이, 거기!"

"이놈들! 뭐하는 거야!"

공원 경비원들이 달려오고 있었다.

그날 밤 늦게 공원 지구대 앞에 고급 승용차 한 대가 멈췄다. 박 기사가 뒷문을 열어주자 얼굴이 새파랗게 질린 성 여사가 뛰어내렸다.

"우리 리사는 어디에 있죠?"

"이쪽입니다, 사모님."

지구대 안으로 들어선 성 여사는 경찰관 앞에 시무룩하게 앉아 있는 리사와 선재를 발견하고 우뚝 멈춰 섰다.

"이이……!"

입술을 질끈 깨물고 선재를 쏘아보던 성 여사가 빠르게 걸어갔다.

"리사야!"

"엄마!"

성 여사를 발견한 리사가 눈물을 글썽이며 일어섰다. 성 여사에게 와락 안기며 리사가 울먹였다.

"왜 이제야 왔어요? 내가 얼마나 무서웠다고."

"그래, 그래. 엄마가 왔으니 이제 안심하렴."

눈두덩이 퍼렇게 멍들고 입언저리에 피딱지가 엉겨 붙은 선재도 엉거주춤 일어나 머리를 숙였다.

"오셨어요, 사모님?"

"나쁜 녀석!"

철썩!

성 여사가 다짜고짜 선재의 뺨을 때렸다. 선재는 물론 리사와 경찰관까지 입을 떡 벌리고 성 여사를 보았다. 리사가 급히 성 여사를 말리고 나섰다.

"엄마, 왜 선재를 때리는 거야?"

"저 녀석 때문에 네가 위험해졌잖니?"

"그런 게 아니야! 선재는 불량한 오빠들한테서 오히려 날 지켜주었어!"

"흥! 녀석들이 이유도 없이 시비를 걸었겠니? 선재 저 녀석이 빌미를 제공했겠지."

"엄마……!"

선재에 대한 엄마의 지독한 선입견에 리사는 몸서리를 쳤다. 성 여사가 선재를 향해 또박또박 힘주어 말했다.

"기말고사고 뭐고 다 필요 없어! 내일부터 너희 둘은 절대 함께 다닐 수 없으니, 그런 줄 알아!"

선재가 힘없이 고개를 떨어뜨렸다.

"네…… 명심하겠습니다."

성 여사의 뜻이 워낙 완강했으므로 이번만은 강 사장도 어쩔 도리가 없었다. 기말고사가 시시각각 다가오고 있었지만 리사는 더 이상 선재의 공부를 도와주지 못하고 발만 동동 굴렀다.

"이젠 정말 끝이야. 이 상태론 반 석차 5등 안에 드는 건 불가능해."

늦은 밤에 리사는 자신의 책상 앞에 앉아 한숨을 길게 몰아쉬었다.

따악!

작은 돌멩이가 창문에 부딪힌 것은 그때였다. 리사는 처음에는 알아차리지 못했다. 그런데 돌멩이가 연이어 날아왔다.

"대체 누가 돌을 던지는 거야?"

드르륵!

인상을 찌푸리며 창문을 연 리사는 깜짝 놀랐다. 창문 아래에 서서 손을 흔드는 선재를 발견했기 때문이다. 엄마가 깰까봐 리사가 목소리를 낮추어 물었다.

"선재야, 거기서 뭐하는 거야?"

"수학 문제를 풀고 있었는데, 모르는 문제가 나와서 불렀어. 한번 봐줄래?"

"하지만 어떻게……?"

선재가 이번엔 종이쪽지가 묶인 작은 나뭇가지를 휙 던졌다.

"으앗!"

리사가 가까스로 나뭇가지를 잡았다. 쪽지를 펼쳐보니, 과연 까다로운 문제가 적혀 있었다. 선재가 보낸 쪽지에 풀이를 적기에는 공간이 모자라서 리사는 다른 종이에 문제와 풀이를 적었다.

문제 풀이 끝에 눈웃음까지 그린 리사가 종이를 나뭇가지에 꽁꽁 묶었다. 그리고 그것을 선재에게 던져주었다.

"선재야, 받아!"

"고마워!"

선재가 급히 종이를 펼쳐 읽었다. 잠시 뚫어져라 풀이를 들여다보던 선재가 리사를 향해 손가락을 둥글게 말아보였다.

"이제 확실히 알겠어."

"정말이야?"

"또 모르는 문제 있으면 물어봐도 되지?"

"당연하지. 밤이든 새벽이든 언제든 창문을 두드려."

"응, 고마워!"

이때 현관 쪽에서 인기척이 나자 놀란 선재가 별채로 후다닥 도망쳤다. 별채 안으로 사라지는 선재의 뒷모습을 지켜보며 리사가 뿌듯하게 미소 지었다.

"이 상황에서도 포기하지 않다니 제법인걸. 네가 포기하지 않는다

면 나도 절대 포기할 수 없지."

리사가 주먹을 움켜쥐며 씨익 웃었다.

성 여사의 방해는 오히려 선재와 리사에게 기회를 주었다. 사실 그때까지만 해도 선재는 공부에 별 흥미가 없었고, 리사는 선재에게 공부를 강요하는 것에 회의를 느끼고 있었다. 그런데 성 여사가 방해하자 두 사람은 전에 없이 절실해졌다. 선재는 공부에 대한 열의를 활활 불사르며 한 문제라도 더 풀려고 노력했고, 리사는 그런 선재에게 한 문제라도 더 가르쳐주려고 최선을 다했다. 그러는 사이에 마침내 기말고사 날 아침이 밝았다.

선재는 마지막 정리를 한다면서 아침 일찍 학교로 향했다. 리사는 그보다 조금 늦게 박 기사의 차를 타고 교문 앞에 도착했다.

"후우읍……!"

교정으로 들어서며 리사는 저도 모르게 숨을 깊이 들이마셨다. 선재보다도 리사가 더 긴장하고 있었던 것이다. 새파란 하늘과 그 아래 하얀색 건물을 쳐다보며 리사가 스스로에게 다짐하듯 말했다.

"다 잘될 거야. 그동안 둘 다 최선을 다했잖아."

마음이 한결 가벼워진 리사가 씩씩하게 걸음을 내딛었다. 이때 뒤쪽에서 찬영이의 목소리가 들렸다.

"최선을 다했다고 누구나 모범생이 될 수 있는 건 아니잖아?"

"어, 찬영이구나?"

찬영이가 리사와 나란히 걸으며 어깨를 툭 쳤다.

"오늘 시험 자신 있어?"

리사가 부러 가슴을 쭉 폈다.

"물론!"

"흐음……."

의심스럽게 쳐다보는 찬영이를 향해 리사가 따졌다.

"왜? 아무나 모범생이 되는 건 아니라고 말하고 싶어?"

"그게 아니라 시간이 너무 짧았다는 말을 하는 거야."

"그래도 선재라면 해낼 수 있을 거야."

선재에 대한 리사의 믿음이 찬영이의 기분을 상하게 만든 것 같았다.

"그럼 우리 내기할까?"

"내, 내기라니?"

"네가 이기면 이선재를 진짜 친구로 대할게. 하지만 만약 내가 이긴다면……."

"……?"

의아한 리사의 눈을 들여다보던 찬영이 씨익 웃었다.

"내 소원은 나중에 말해줄게. 괜찮지?"

"좋아!"

리사가 자리에 앉자마자 담임선생님이 들어왔다. 선생님이 맨 앞줄에 앉아 있는 친구들에게 시험지를 한 뭉치씩 건넸다.

"시험지를 뒤로 넘겨주렴."

"아…… 드디어 시작이구나."

리사가 중얼거리며 선재 쪽을 돌아보았다. 선재도 리사 못지않게 긴장하고 있는 것 같았다. 리사가 선재를 향해 손을 흔들었다. 용기를 내라고 말해주고 싶었던 것이다.

"선재야! 이선재!"

후우우웅-!

리사의 몸 윤곽을 따라 빛이 눈부시게 떠오르기 시작한 것은 그때였다. 빛에 파묻혀 사라져가는 자신의 몸을 내려다보며 리사가 새된 소리를 질렀다.

"왜 하필이면 지금이야! 지금은 절대 안……."

마지막 말을 내뱉기도 전에 리사의 모습이 현실세계에서 홀연히 사라져버렸다.

3
어린 광부 스티븐슨과의 만남

리사는 컴컴한 어둠 속에 홀로 서 있었다. 주위에서 사람들이 떠드는 소리와 무언가를 두드리는 소리가 시끄럽게 들려왔다. 하지만 정작 눈앞은 온통 암흑이었다.

"이번엔 또 어디로 떨어져버린 거지? 서, 설마 지옥?"

후덥지근한 공기에 숨이 막히는 것을 느끼며 리사가 떨리는 소리로 중얼거렸다. 등 뒤에서 누군가의 성난 고함이 들려온 것은 그때였다.

"이 녀석, 뭐하고 있는 거야? 썩 비키지 못해!"

"히익!"

깜짝 놀란 리사가 휙 돌아섰다. 순간 온몸이 시커먼 남자들을 발견하고 리사는 비명을 지르며 넘어갔다.

"꺄아아악!"

쿵!

"애, 애! 정신 차려!"

철썩! 철썩!

누군가 뺨을 세차게 때리자 리사는 억지로 눈을 떴다. 어떤 녀석이 숙녀의 뺨을 이렇게 함부로 때리는지 괘씸하여 벌떡 상체를 일으킨 리사는 다시 비명을 질렀다.

"꺄아아……!"

터업!

"쉬잇!"

하지만 기절하기 전에 보았던 남자들처럼 온몸에 탄가루를 뒤집어쓴 또래의 사내아이가 한 발 앞서 손바닥으로 리사의 입을 틀어막았다. 사내아이가 리사에게 얼굴을 바싹 들이밀며 눈을 부라렸다.

"비명은 그만! 네 목소리가 어찌나 우렁찬지 탄광이 무너져 내리는 줄 알았어."

타악!

"탄광이라고……?"

입을 막은 손을 뿌리치며 리사가 황당한 얼굴로 물었다. 사내아이가 오히려 신기하다는 듯 반문했다.

"이곳은 뉴캐슬의 와일램이란 탄광촌에 있는 탄광 중 하나야. 탄광인지도 모르고 이 깊은 땅 속까지 들어왔단 말이야?"

"어, 어쩌다 보니 그렇게 되었어."

대충 얼버무리며 리사가 새카만 곱슬머리에 파란색 눈동자를 가진 소년의 모습을 찬찬히 살펴보았다. 아닌 게 아니라 소년은 광부 복장을 하고 있었다.

'내 또래로밖에 보이지 않는데 탄광에서 험한 일을 하다니……!'
신기한 듯 소년을 보던 리사가 침착하게 물었다.
"내 이름은 리사라고 해. 네 이름은 뭐니?"
"나는 조지야. 조지 스티븐슨. 이 탄광의 증기기관 화부인 아빠의 조수로 일하고 있지."

아빠가 증기기관의 화부라고 말하는 조지의 얼굴에는 자부심이 가득했다.

'흐음…… 아빠를 자랑스럽게 여긴다는 건 나쁜 일이 아니지.'
아빠 대신 집사 일을 하는 선재를 떠올리며 리사는 고개를 주억였다.
"아, 그러고 보니……!"
리사는 얼마 전에 읽기 시작한 『세기의 로맨스』의 새로운 장이 '스티븐슨과 핸더슨'의 이야기라는 것을 떠올렸다. 주위를 둘러보던 리사의 눈에 탄광 바닥에 떨어져 있는 두툼한 양장본 책이 들어왔다. 리사가 책을 주워 표지에 묻은 탄가루를 툭툭 털었다.
"어이구! 네가 왜 안 보이나 했다."
옆구리에 책을 끼우며 리사가 조지에게 다시 물었다.
"조지, 그런데 지금이 몇 년쯤 되었니?"
"헐! 그걸 몰라서 묻는 거야?"

"모르니까 묻지."

뿌루퉁해진 리사를 향해 조지가 대답했다.

"지금은 1795년도야. 조지 3세 국왕전하께서 통치하시는 위대한 대영제국의 시대지."

그제야 이상한 생각이 들었는지 조지가 고개를 갸웃했다.

"이제 보니 리사는 동양인이구나? 너야말로 대체 어디서 왔니? 그리고 어떻게 위험한 탄광 깊숙한 곳까지 들어오게 된 거야?"

"그게 실은……."

할 말을 잃고 머뭇거리던 리사는 대충 둘러대기로 했다.

"탄광을 견학하러 왔어!"

"탄광을 견학하다니? 뭐하러?"

"그야 나도 광부가 되기 위해서지."

"너처럼 어리고 연약한 여자아이가 광부가 되겠다고? 에이~ 말도 안 돼!"

"웃기셔! 그러는 너는 뭐 어른인 줄 아니?"

"어디 말이나 한번 들어보자. 여자애가 왜 광부가 되려는 건데?"

리사가 문득 서글픈 표정을 지었다.

"그야 이곳엔 아빠도 없고, 엄마도 없기 때문에……."

"리사 너, 고아였어?"

"아니 뭐, 꼭 그렇다기보다는……."

"걱정 마! 이제부터 내가 도와줄게!"

조지가 갑자기 와락 끌어안자 리사는 괜히 얼굴이 빨개졌다. 리사가 두 손으로 조지를 확 밀쳤다.

"얘가 징그럽게 왜 안고 난리야?"

"헤헤! 탄광을 구경시켜줄 테니까 따라와."

리사가 조지를 따라 어둡고 좁은 갱도를 걸어가기 시작했다.

쾅! 쾅! 쾅!

퍽! 퍼퍽! 퍼억!

이삼 분쯤 걸어가자 실내 운동장처럼 널찍한 공간이 나타났다. 검은 석탄으로 가득한 사방 벽에 들러붙은 광부들이 땀을 뻘뻘 흘리며 캔 석탄을 수레에 옮겨 싣고 있었다.

"정말 지독한 환경이구나……!"

리사는 저도 모르게 눈살을 찌푸렸다. 광부들이 움직일 때마다 검은 먼지가 자욱하게 피어올랐고, 바닥은 물이 고여 검은 진창으로 변해 있었기 때문이다.

"콜록콜록……! 이런 곳에서 하루만 있어도 폐병에 걸리고 말겠어."

"그런 아이가 광부가 되겠다고?"

헛웃음을 흘리는 조지를 리사가 휙 째려보았다.

"광부가 되면 꼭 이런 환경에서 일하라는 법이라도 있어? 이 검은 먼지는 어쩔 수 없다 쳐도 이 질척한 바닥은 대체 왜 이러는 거야?"

조지가 답답하다는 표정을 짓더니만 리사에게 물었다.

"너, 땅속에는 뭐가 있다고 생각해?"

"글쎄……."

"우물을 파면 뭐가 나오지?"

"그야 물이지."

"맞아. 땅 속에는 지하수가 흐르기 마련이야. 당연히 땅 속 깊이 뚫고 들어온 이 탄광에도 지하수가 흘러나오게 되지."

"아, 그렇구나!"

"이렇게 흘러나온 물을 땅 위로 빼내는 게 아빠와 내가 하는 일이야. 우리가 아니었으면 물이 고인 정도가 아니라 홍수가 났을걸."

"어떻게 물을 빼내는데?"

"보여줄 테니 따라와."

조지가 리사를 데리고 옆쪽으로 뚫린 좁은 갱도 안으로 들어갔다.

퉁- 퉁- 퉁- 퉁-

갱도 끝자락에서 귀청이 떨어질 정도의 소음이 들려왔다. 리사가 귀를 틀어막은 채 자욱한 수증기를 내뿜는 커다란 기계를 쳐다보았다. 그것은 초기 형태의 증기기관이었다. 바퀴 모양의 플라이휠이 빠르게 회전하며 흡수관에 연결된 굵은 호스를 통해 바닥에 고인 물을 뽑아 올리고 있었다. 인상 좋은 광부 아저씨가 불길이 활활 타오르는 증기기관의 연료실에 삽으로 떠올린 석탄을 연신 집어넣었다. 원래 더운 탄광 내에서도 이곳은 특히 무더워서 아저씨의 셔츠와 바지는 땀범벅이었다.

리사가 연기를 뿜는 괴물처럼 생긴 증기기관을 멍하니 쳐다보며 중얼거렸다.

"저게…… 대체 뭐야?"

"탄광의 지하수를 지상으로 뽑아주는 증기기관이야."

"증기기관이란 기계가 저렇게 생겼구나……?!"

"저건 그냥 기계가 아니야. 우리 광부들을 지켜주는 소중한 친구라고."

"흐음, 일리가 있는 말인걸."

"아빠!"

조지가 부르자 아저씨가 반갑게 돌아보았다.

"오, 조지! 옆에 있는 귀여운 아가씨는 누구니?"

"리사라고…… 광부가 되고 싶대요."

"안녕하세요. 리사라고 합니다."

고개를 꾸벅 숙이는 리사를 향해 아저씨가 빙그레 미소 지었다.

"나는 조지의 아빠인 로버트다. 너처럼 예쁜 소녀가 광부가 되겠다고? 도저히 안 어울릴 것 같은데?"

조지가 재빨리 끼어들었다.

"리사는 실은 고아예요. 광부가 되지 않으면 살아갈 수가 없다고요."

"저런, 그런 사연이 있었구나. 그렇다면 방법을 찾아보마."

"고마워요, 아빠."

"신경 써주셔서 감사합니다."

"감사는 무슨! 조지, 이리 와서 아빠 좀 도와라."

"넵!"

삽을 들고 달려간 조지가 증기기관 연료실 안에 석탄을 넣기 시작했다. 호흡이 척척 맞는 부자를 지켜보며 리사는 괜스레 마음이 흐뭇해졌다.

해질녘이 되어서야 조지와 로버트, 그리고 리사는 탄광 밖으로 나왔다. 온몸에 검은 칠을 한 채 줄줄이 걸어 나오는 광부들을 따라가며 리사는 이미 녹초가 되어 있었다. 리사가 노을이 새털처럼 잔잔하게 번진 여름 하늘을 올려다보며 연신 숨을 크게 들이마셨다.

"후우웁……! 바깥의 공기가 이렇게 좋은 줄은 몰랐어. 광부로 살아간다는 게 쉬운 일이 아니구나?"

앞장서 걸어가던 조지와 로버트가 우뚝 멈춰서며 리사를 돌아보았다.

"우리는 집으로 돌아갈 생각인데……."

리사가 시무룩한 표정으로 고개를 끄덕였다.

"그, 그래? 그럼 내일 만나자."

"너도 잘 가."

로버트와 나란히 걸어가는 조지의 뒷모습을 리사가 우울하게 바라보았다. 몇 걸음 옮기던 조지가 다시 휙 돌아서서 리사에게 달려왔.

"리사, 너 혹시 갈 곳이 없어?"

"으응……."

"그럼 당분간 우리 집에서 지낼래?"

"정말? 나야 물론 고맙지!"

"우리 집은 굉장히 비좁아. 부모님에 나와 동생들까지 일곱 명이 사는 집인데, 그래도 상관없겠어?"

"전혀 상관없어!"

"좋아, 그럼 가자."

"조지 형!"

"조지 오빠!"

탄광 근처의 아담한 통나무집 안으로 들어서자마자 한눈에 말썽쟁이들로 보이는 남자아이 두 명과 여자아이 두 명이 팔을 벌리고 달려들었다. 아이들은 일제히 조지의 품에 와락 안기며 부산스런 강아지처럼 재잘거렸다.

"왜 이렇게 늦게 온 거야? 얼마나 기다렸는데!"

"옆집 고양이 릴리가 새끼를 여덟 마리나 낳았어!"

"오빠, 밴더슨이 자꾸 괴롭혔어! 혼내줘!"

"믿지 마! 캐서린은 거짓말쟁이야!"

리사는 정신이 하나도 없어서 동생들을 달래는 조지 옆에 멍하니 서 있었다. 주방 쪽에서 인자하게 생긴 부인이 앞치마에 손을 닦으며 걸어 나왔다.

"여보, 돌아왔군요. 조지, 네가 좋아하는 애플파이를 구워놓았다."

"와, 엄마! 내가 애플파이 먹고 싶어 하는 거 어떻게 알았어요?"

조지가 부인의 뺨에 쪽쪽 소리가 나게 뽀뽀를 했다. 조지를 떼어낸 부인이 그제야 리사를 발견하고 고개를 갸웃했다.

"그런데 이 예쁜 아가씨는 누구니?"

조지가 부인에게 리사를 소개했다.

"오늘 새로 사귄 친구인 리사예요. 리사는 부모님이 안 계셔서 당장 지낼 곳이 없대요. 그래서 아빠가 광부 일을 알아봐줄 때까지 우리 집에서 지내게 하려고요."

"안녕하세요, 부인?"

부인이 안타까운 눈으로 리사를 바라보았다.

"저런, 가엾게도……. 우리 집에서 지내는 건 상관없단다. 이런 집이라도 괜찮다면 말이지."

부인이 어색하게 웃으며 조지의 네 동생들이 엉망진창으로 만들어 놓은 좁은 거실을 가리켰다. 동생들은 사냥감을 추격하는 사냥개들처럼 빗자루를 휘두르고, 양동이를 두드리며 조지를 쫓아다녔다.

"와아아!"

"곰을 잡아라!"

리사는 앞날이 캄캄했지만 선택의 여지가 없었으므로 고개를 끄덕일 수밖에 없었다.

"하하……! 제가 원래 아이들을 무척 좋아하거든요."

"으으……!"

잠시 후, 저녁 식탁에 앉은 리사는 비명을 참느라 주먹을 부들부들 떨어야 했다. 거친 빵과 감자 스튜로 차려진 소박한 식탁에서도 동생들은 한시도 가만히 있지 않았다. 한 녀석이 맞은편의 녀석에게 빵 조각을 던지기 시작하자, 식탁은 곧 빵과 빵이 우박처럼 날아다니는 전쟁터로 변하고 말았다.

"하지 마!"

"너야말로 하지 마!"

"이 녀석, 맛 좀 볼래?"

"너야말로 혼 좀 나봐라!"

아빠와 엄마 그리고 조지는 이미 면역이 되었는지 태연히 빵을 씹고 스튜를 삼켰다. 하지만 리사는 정신이 하나도 없어서 빵이 입으로 들어가는지 코로 들어가는지 알 수가 없었다.

저녁식사가 끝나자 리사는 거실 한쪽의 주방에 조지의 엄마와 나란히 서서 함께 설거지를 했다.

"하하하!"

"깔깔깔!"

등 뒤에서 조지와 동생들의 유쾌한 웃음소리가 들려왔다. 힐끗 돌아보니 동생들을 등에 태운 조지가 네 발로 엉금엉금 기어 다니고 있었다.

찰싹! 찰싹!

"끼럇~ 끼럇~"

"어이쿠야! 히히힝~"

동생들이 엉덩이를 때리자, 조지가 고개를 길게 빼고 울부짖었다. 리사는 저도 모르게 피식 웃고 말았다.

"조지도 참!"

"참 좋은 형이자 오빠지."

리사 옆에서 접시를 닦으며 부인이 툭 내뱉었다.

"네?"

"조지 말이다. 제 형이 기회를 찾아 런던으로 떠나자마자 저렇게 동생들을 돌봐주고 있단다."

"네에……."

리사가 새삼스런 눈으로 여동생을 무등 태우고 캥거루처럼 펄쩍펄쩍 뛰어다니는 조지를 돌아보았다.

저녁식사가 끝나자 조지가 나무 사다리를 밟고 리사를 다락방으로 안내했다. 천장 쪽에 바닥을 대고 난간을 설치한, 꼭 새둥지처럼 생긴 다락방에선 일층 거실에 매트리스를 깔고 나란히 눕는 조지의 부모님과 동생들이 내려다보였다.

"원래는 막냇동생이 사용하던 방인데 손님한테 양보하기로 했어."

"고마워."

비좁았지만 푹신한 매트리스가 깔린 다락방은 아늑했다. 누우면 천장에 뚫린 작은 창을 통해 밤하늘을 마주볼 수도 있었다.

"너무 좁지 않아?"

걱정스럽게 묻는 조지를 향해 리사가 고개를 획획 가로저었다.

"무슨 소리야? 이만하면 특급 호텔이지."

"마음에 든다니 다행이다. 아참, 내일 아침에 아빠가 소장님을 만나 너를 견습 광부로 써달라고 부탁한다고 하셨어."

"여러 가지로 정말 고마워."

"고맙긴 뭘."

이때 로버트가 다락방 난간 위로 얼굴을 불쑥 내밀었다.

"조지, 밖에 핸더슨이 와 있구나."

"핸더슨이요……?"

핸더슨이란 이름을 듣는 순간, 늘 밝던 조지의 표정이 급격히 어두워졌다. 리사가 로버트에게 물었다.

"아저씨, 핸더슨이 누구예요?"

"조지의 여자친구란다."

동시에 조지가 버럭 소리를 질렀다.

"핸더슨은 여자친구 같은 게 아니라고 몇 번이나 말했잖아요!"

"……!"

리사는 조지와 함께 밖으로 나갔다. 막 어두워지기 시작한 하늘 아래 탄광촌에선 보기 드문 하얀색 원피스를 입은 또래의 소녀가 서 있었다. 소녀에게선 부잣집 아이 특유의 고급스런 분위기가 풍겼다.

어린 광부 스티븐슨과의 만남

소녀가 친근하게 인사를 건넸지만 조지는 화난 사람처럼 무뚝뚝하게 대꾸했다.

"안녕, 조지?"

"오늘은 또 무슨 일이야?"

하지만 리사는 조지가 긴장하고 있음을 눈치챘다. 조지처럼 순진한 친구들은 호감을 품을수록 무뚝뚝하게 나오는 것이다. 핸더슨의 시선이 리사에게로 향했다.

"못 보던 친구네?"

조지가 리사의 어깨에 친근하게 손을 얹었다.

"이쪽은 리사야. 새로 사귀게 된 내 여자친구지."

리사가 조지를 획 돌아보았다.

'뭐야, 조지? 설마 나를 이용해서 질투심을 자극하려는 거야?'

조지의 의도는 어느 정도 효과를 발휘한 듯했다. 리사를 바라보는 핸더슨의 눈에 경계의 빛이 떠올랐기 때문이다. 핸더슨이 억지로 짓는 것이 분명한 미소와 함께 손을 내밀었다.

"리사, 반가워. 나는 조지의 오랜 친구 핸더슨이라고 해."

리사는 자신이 조지의 여자친구가 아니라고 설명하려다가 포기하고 핸더슨이 내민 손을 잡았다.

"나도 반가…… 으응?"

순간 리사가 움찔했다. 맞잡은 핸더슨의 손에서 힘이 느껴졌기 때문이다.

'그렇게 나온다면 나도 질 수야 없지.'

여전히 싱글벙글 웃는 핸더슨의 얼굴을 보며 리사도 손아귀에 힘을 주었다. 핸더슨과 리사는 팔을 부들부들 떨며 한동안 손을 놓지 않았다. 적어도 겉으론 반갑게 악수하는 핸더슨과 리사를 지켜보는 조지의 얼굴에 실망하는 기색이 역력했다.

핸더슨이 한참만에야 리사의 손을 놓으며 조지를 돌아보았다.

"조지, 왜 며칠째 야학에 나오지 않는 거야?"

"……."

조지는 토라진 아이처럼 입을 꾹 다문 채 대답하지 않았다. 분위기가 어색해지자 리사가 대신해서 핸더슨에게 물었다.

"야학이라니?"

"탄광촌의 아이들은 가정형편 때문에 대부분 학교에 다니지 못하고 있어. 내가 그런 친구들을 모아서 글자와 산수를 가르쳐주고 있거든."

"와! 좋은 일을 하고 있었구나."

조지가 입술을 비쭉였다.

"흥! 부잣집 아가씨의 소꿉놀이 같은 거지, 뭐!"

핸더슨의 안색이 어두워지자, 리사가 조지를 휙 째려보았다.

"조지, 말을 왜 그렇게 해? 핸더슨은 너희들을 위해 시간을 내서 도와주는 거잖아."

"네가 뭘 안다고 참견이야?"

"내가 뭘 모르는데?"

조지가 핸더슨을 쳐다보며 비아냥거렸다.

"핸더슨은 우리와는 달리 엄청난 부잣집 아가씨야. 당연히 우리처럼 탄광에서 일하지 않아도 되고, 시간이 남아도니까 쓸 데 없는 짓을 벌이는 거라고."

"조지, 너 왜 이리 삐딱하게 구니?"

"내가 언제 삐딱하게 굴었다고 그래?"

"지금 이게 삐딱한 게 아니고 뭐야?"

"리사 너야말로 왜 자꾸 핸더슨 편만 드는 건데?"

"나는 공평하게 말하고 있는 것뿐이야!"

얼굴을 맞대고 소리를 질러대는 조지와 리사를 핸더슨이 뜯어말렸다.

"이러지 마. 나 때문에 두 사람이 싸우는 건 원치 않아."

"흥!"

콰앙!

코웃음을 친 조지가 집안으로 들어가서는 거칠게 문을 닫아버렸다. 핸더슨이 굳게 닫힌 문을 보며 한숨을 쉬었다. 리사가 조지를 대신해서 사과했다

"핸더슨, 미안해. 오늘 조지가 기분이 별로 좋지 않은 모양이야."

핸더슨의 표정이 우울하게 변했다.

"솔직히 조지가 왜 나만 보면 화를 내는지 모르겠어. 나는 조지를 도우려는 것뿐인데."

"으음……."

속상해 하는 핸더슨의 얼굴을 보며 리사는 어쩔 수 없이 선재의 모습을 떠올렸다. 리사도 자신에게 늘 친절했던 선재에게 심술과 짜증만 부렸던 것이다. 그러나 선재가 정말 싫었다면 그랬을까? 리사의 경험상 정말 싫어하는 사람에겐 무관심할 뿐 화를 내지 않는 법이다.

리사가 핸더슨을 향해 싱긋 미소를 지었다.

"네가 참아. 조지는 네가 좋아서 그러는 거야."

"내가 좋아서 매일 화를 낸단 말이야? 말도 안 돼."

"그게 말이 되거든. 나도 실은 그런 적이 있어."

"리사 너도?"

"응!"

리사가 고개를 끄덕이자 핸더슨도 비로소 표정을 풀었다.

"리사가 그렇게까지 말한다면 믿을게. 그런데 넌 조지의 여자친구라고 하지 않았니? 그런데 왜……?"

리사가 집게손가락을 쳐들며 장난스런 표정을 지었다.

"남자애가 좋아하는 여자아이한테 가장 많이 하는 거짓말이 뭘까?"

"글쎄……."

"바로 있지도 않은 여자친구가 있다고 말하는 거야."

"아……!"

반색하는 핸더슨의 눈을 들여다보며 리사가 힘주어 장담했다.

"걱정하지 마. 내일은 내가 어떻게든 조지를 야학으로 데려갈게."

"정말?"

"나만 믿어."

핸더슨이 리사의 손을 와락 잡았다.

"조지 곁에 리사 같은 친구가 있어서 정말 다행이야. 우리 앞으로 친하게 지내자."

"그래, 그러자."

4
견습 광부의 하루

다음 날 아침, 조지의 동생들과 한바탕 난리법석을 피운 끝에 리사는 탄광으로 향했다. 그리고 로버트의 소개로 견습 광부로 일할 수 있게 되었다.

"와아~ 나도 이제 광부다!"

"으이그~ 광부가 얼마나 힘든 줄이나 알고 좋아하냐?"

펄쩍펄쩍 뛰는 리사를 보며 조지가 혀를 찼다.

리사와 함께 탄광으로 내려가며 조지는 신신당부를 했다.

"탄광에선 조심해야 할 일이 한두 가지가 아니야. 어둡고 바닥이 울퉁불퉁하니까 넘어지지 않도록 조심해야 해. 그리고 가끔 갱도가 무너져 내리는 일도 있어. 그때는 앞뒤 가리지 말고 입구를 향해 무작정 달리는 거야. 무슨 말인지 알겠지?"

"알았으니까 너무 걱정하지 마."

리사가 고개를 끄덕일 때, 날카로운 비명소리가 들려왔다.

"으아악!"

"이, 이게 무슨 소리지?"

아래쪽 가파른 비탈길에서 석탄을 가득 실은 수레를 끌고 올라오던 견습 광부들이 수레를 놓치고 쓰러지는 게 보였다. 조지가 쏜살같이 달려 내려가며 소리를 질렀다.

"수레가 굴러간다! 다치고 싶지 않으면 비켜! 당장 비켜!"

콰르르르륵!

"으악!"

"아앗!"

"조, 조심해!"

빠르게 굴러 내려가는 수레를 피해 광부들이 아슬아슬하게 몸을 날렸다.

콰아앙!

수레가 비탈길 아래에 처박히며 검은 가루가 사방으로 흩날렸다. 조지가 비탈길에 쓰러진 견습 광부들 앞에 화난 얼굴로 버티고 섰다.

"뭘 잘했다고 누워 있는 거야? 빨리 안 일어나?!"

대부분 조지보다 어린 견습 광부들이 후다닥 일어섰다. 씩씩대는 조지 옆으로 다가온 리사가 나직이 속삭였다.

"일부러 그런 것도 아닌데, 왜 화를 내는 거야?"

"모르는 소리하지 마. 운이 좋았기에 망정이지 하마터면 여러 사람이 크게 다칠 뻔했다고."

"그렇지만 아직 어린애들인데……."

"탄광에선 어리다고 봐주지 않아. 작은 실수 때문에 목숨이 왔다 갔다 하는 곳이 바로 탄광이야."

"……."

리사는 더 이상 입을 열지 않았다. 조지가 견습 광부들은 물론 자신을 걱정해서 하는 말이란 사실을 알아차렸기 때문이다.

"알았어. 나도 더 조심할게."

"당연히 그래야지."

한바탕 소동을 겪은 후에 리사는 로버트가 어제처럼 열심히 탄을 집어넣고 있는 증기기관 앞에 도착했다. 조지가 석탄 더미에 꽂혀 있는 삽을 하나 뽑아 리사에게 건넸다.

"당분간 여기서 나와 함께 아빠의 조수로 일하자."

"알았어."

그때부터 리사는 조지와 함께 땀을 뻘뻘 흘리며 증기기관 연료실에 석탄을 채워 넣는 일을 했다.

통- 통- 통- 통-!

증기기관은 힘차게 돌아가며 탄광에 고인 물을 뽑아 올렸다. 리사는 팔도 아프고, 다리도 아파서 당장 주저앉고 싶었다. 하지만 그럴 수는 없었다. 리사 스스로 광부가 되고 싶다고 말했고, 덕분에 조지

네 집에서 머물게 되었기 때문이다.

'어휴, 어쩌다 괴상한 책을 얻게 돼서 이런 생고생을 한담……?'

석탄을 한 삽 가득 퍼서 연료실 안에 던져 넣으며 리사가 소리쳤다.

"대체 점심은 언제 먹는 거야?"

땡땡땡땡땡-!

동시에 종소리가 요란하게 울려 퍼졌다.

"응? 웬 종소리지?"

조지가 이마의 땀을 닦으며 싱긋 웃었다.

"네가 기다리던 점심시간을 알리는 종소리야."

"후아아…… 이젠 살았다!"

리사가 그 자리에 털썩 주저앉아버렸다.

점심은 탄광 안 널찍한 공간에 모든 광부들이 삼삼오오 모여서 먹었다. 조지가 도시락 뚜껑을 열자 계란과 치즈를 넣어 만든 두툼한 샌드위치 세 개가 나왔다. 조지가 그중 하나를 리사에게 건넸다.

"먹어. 우리 엄마의 샌드위치는 제법 맛있어."

"고마워."

샌드위치를 한 입 가득 베어 문 리사의 눈이 휘둥그레졌다. 배가 고파서인지 샌드위치는 정말 눈물이 날 정도로 맛있었다.

"이거 정말 맛있…… 콜록! 콜록!"

샌드위치가 목에 걸려 기침을 하는 리사에게 조지가 보온병에서

차를 따라 내밀었다.

"내 이럴 줄 알았지. 차라도 마시면서 천천히 먹어."

"콜록……. 고, 고마워."

리사가 막 차를 한 모금 홀짝일 때, 앞니가 몽땅 빠진 광부 노인이 조지와 로버트 앞으로 다가왔다.

"로버트, 자네에게 할 말이 있네."

"오, 조나단 아저씨. 무슨 일이세요?"

노인이 턱짓으로 리사를 가리켰다.

"저 아이는 누구인가?"

"리사 말씀이군요. 조지의 친구입니다."

"저 아이도 광부지?"

"네, 제가 소장님께 부탁해서 견습 광부로 들어왔습니다."

"그런데 저 아이는 왜 자네의 증기기관 옆에 찰싹 붙어서 꼼짝도 하지 않지?"

"네?"

"다른 견습 광부들은 석탄을 실은 수레를 탄광 밖으로 운반하는 고된 일을 하고 있어. 그런데 저 아이만 혜택을 받는다고 불만들이 아주 많아."

"아……!"

그제야 리사가 눈을 크게 뜨고 주위를 둘러보았다. 아닌 게 아니라 점심을 먹던 광부들이 적대적인 눈으로 자신을 쳐다보고 있었다. 그

때까지 어른들의 대화를 듣고만 있던 조지가 불쑥 끼어들었다.

"조나단 할아버지, 그건 지나친 말씀이세요."

"뭐라고?"

"증기기관에 석탄을 넣는 것도 굉장히 고된 일이에요. 어찌 보면 수레를 끄는 일보다 훨씬 더요."

노인의 미간이 일그러졌다.

"그건 너희들 생각이지. 문제는 다른 사람들이 그렇게 생각하지 않는다는 거야."

"하지만……."

"조지, 그만해."

조지를 말린 후에 리사가 스윽 일어섰다. 그리고 노인을 향해 머리를 숙였다.

"정말 죄송합니다. 점심식사 후에는 다른 견습 광부들과 함께 수레를 끌겠어요."

"뭐 그렇다면야."

노인이 흠흠, 헛기침을 하며 돌아섰다. 조지가 자리에 앉는 리사를 향해 불만을 터뜨렸다.

"대체 왜 그랬어? 아까도 봤겠지만 수레를 끄는 일은 장난이 아니야."

"그래서 하겠다는 거야. 내가 힘들다고 하지 않으면 너와 아저씨가 비난받을 거 아니야."

"으음……."

로버트가 리사를 칭찬했다.

"리사는 정말 생각이 깊구나. 수레 끄는 일은 고되고 위험하니 특별히 조심해야 한다. 알겠지?"

"네, 걱정하지 마세요."

대답은 씩씩하게 했지만 석탄이 가득 쌓인 수레를 끌고 가파른 비탈길을 오른다는 것은 만만한 일이 아니었다.

"헥헥……! 토할 거 같아."

수레를 끌며 리사는 혀를 빼물었다. 양쪽에서 두 명씩 총 네 명의 견습 광부들이 밀어주고 있었지만 비탈길 중간에서 수레는 꼼짝도 하지 않았다.

끼기기긱!

"어어…… 이러면 안 되는데……!"

수레가 뒤쪽으로 조금씩 밀리기 시작하자 리사는 어떻게든 버텨 보려고 버둥거렸다. 하지만 한번 밀리기 시작한 수레를 다시 끈다는 것은 불가능에 가까웠다. 리사는 결국 비명을 내지르고 말았다.

"꺄아악! 애들아, 제발 좀 버텨!"

하지만 다른 견습 광부들도 이미 탈진한 상태인지라 수레가 구르는 것을 막을 수는 없었다.

"으아!"

"꺄아악!"

리사와 견습 광부들은 속절없이 수레와 함께 뒷걸음질을 칠 수밖에 없었다. 이대로 가면 다른 누군가가 크게 다치게 될 것이라고 생각하자 리사는 눈앞이 캄캄해졌다.

콰아악!

수레가 벽에라도 막힌 듯 우뚝 멈춰선 것은 그때였다.

"어라, 어떻게 된 일이지?"

눈을 동그랗게 뜨고 돌아보는 리사의 뒤쪽에서 두 손으로 수레를 막고 있는 조지의 모습이 보였다.

"조, 조지……?!"

눈물이라도 흘릴 듯 반가워하는 리사를 향해 조지가 외쳤다.

"정신 차려! 수레가 구르면 큰일 난다고 했잖아!"

"아, 알았어!"

리사가 이를 악물며 다시 수레를 끌기 시작했다. 조지가 도와준 덕분에 다른 견습 광부들도 힘을 내어 비탈길을 오를 수 있었다. 수레를 끌고 터널 밖으로 나오며 리사가 안도의 한숨을 길게 몰아쉬었다.

"후아아, 간신히 살았다!"

리사는 산처럼 쌓인 석탄 더미에 힘들게 끌고 온 석탄을 부어놓고 그 자리에 털썩 주저앉았다. 온몸이 땀투성이로 변한 채 헐떡이는 리사 옆에 조지도 앉았다. 두 사람은 한동안 말없이 새파란 하늘에 뭉실뭉실 떠가는 흰 구름을 바라보았다. 리사가 피식 헛웃음을 흘렸다.

"참 재미있다. 그치?"

"뭐가?"

"나는 지금까지 저 하늘을 아무 생각 없이 바라보곤 했거든."

"그런데?"

"탄광에 있다가 나와서 보니 저 하늘이 너무 아름다워 보이는 거 있지? 어쩌면 탄광에서 일하게 된 게 나한테는 행운일지도 몰라."

"에이~ 그런 엉터리 같은 말이 어디 있어?"

"헤헤!"

장난스럽게 웃는 리사의 얼굴을 물끄러미 보던 조지가 격려의 말을 건넸다.

"조금만 참아. 이제 곧 견습 광부들이 수레를 끌지 않아도 되게 만들어줄 테니까."

"견습 광부들이 아니면 누가 끌어?"

"난 언젠가 사람이 끌지 않아도 스스로 굴러가는 수레를 만들 생각이거든."

"사람이 끌지 않아도 스스로 굴러간다고? 대체 어떻게?"

"으음……."

대단한 비밀이라도 되는 듯 긴장된 눈으로 주위를 둘러보던 조지가 속삭였다.

"증기기관을 이용할 생각이야."

"증기기관을 이용해서 수레가 스스로 움직인단 말이야?"

"응!"

"그게 가능해?"

"지금도 증기기관을 이용해서 물을 끌어올리고 있잖아. 나는 이 원리를 이용하면 바퀴도 스스로 굴러갈 수 있다고 믿고 있어."

"그렇구나……!"

"내 말을 못 믿는 거야?"

리사가 진심 어린 표정으로 대답했다.

"그럴 리가 없잖아. 나는 조지가 언젠가는 꿈을 이룰 거라고 믿고 있어."

"역시 리사는 내 친구야."

기분 좋게 웃는 조지의 눈치를 살피며 리사가 슬쩍 말을 꺼냈다.

"그래서 말인데…… 오늘 일 끝나고 핸더슨의 야학에 가보는 게 어떨까?"

"그건 싫어!"

조지가 웃음기를 싹 지우며 고개를 흔들었다.

"왜 싫다는 거야? 글과 수학을 배우면 네가 방금 전에 말한 꿈을 이루는 데도 틀림없이 도움이 될 텐데."

"싫어! 싫다고 했잖아!"

무작정 고개를 가로젓는 태도에 리사는 조지와 핸더슨, 둘 사이에 무언가 말 못할 사정이 있을지도 모른다고 생각했다. 리사의 목소리가 설득조로 변했다.

"핸더슨은 좋은 친구처럼 보였어. 그런 친구가 널 돕겠다는데 왜 한사코 뿌리치는 거야?"

"……."

조지가 더 이상 말하기 싫다는 듯 조개처럼 입을 다물어버렸다. 리사가 그런 조지의 팔을 흔들었다.

"그러지 말고 오늘 딱 한 번만 가보자, 응? 내 얼굴을 봐서라도, 응?"

리사의 끈질긴 설득에 조지는 마지못해 고개를 끄덕이고 말았다.

"좋아. 하지만 딱 한 번뿐이다."

"꺄아! 조지, 고마워!"

그날 일이 끝나고, 집에 들러 저녁식사를 먹자마자 조지와 리사는 핸더슨의 집으로 향했다. 핸더슨의 집은 벽돌로 지은 근사한 저택이었다. 사자머리 모양이 양각된 철제대문 앞에 서서 조지와 리사는 삼 층짜리 저택을 올려다보았다.

"와! 집이 정말 으리으리하구나!"

감탄사를 발하는 리사 옆에서 조지가 퉁명스럽게 대꾸했다.

"핸더슨의 집은 부자라고 했잖아."

왠지 긴장하고 있는 듯한 조지의 옆얼굴을 리사가 힐끗 보았다. 리사가 최대한 친근하게 웃으며 입을 열었다.

"조지, 어서 핸더슨을 불러."

"리사 네가 오자고 했으니까 네가 불러."

"후우우……!"

이상하게도 핸더슨과 관련된 일에는 신경이 날카로워지는 조지를 대신해 리사가 사자의 코에 걸린 문고리를 잡았다.

땅! 땅! 땅!

쇠와 쇠가 부딪히는 커다란 소리가 울리고 난 후 저택 안에서 꼬장꼬장하게 생긴 노인이 나타났다. 하얗게 빛나는 은발을 단정하게 빗어 넘긴 턱시도 차림의 노인은 한눈에 봐도 집사인 것을 알게 했다. 대문 앞에 선 노인을 향해 리사가 최대한 예의바르게 인사했다.

"안녕하세요? 핸더슨의 친구인 리사와 조지예요. 핸더슨에게 친구들이 왔다고 전해 주실래요?"

"너는 처음 보지만……."

노인의 적대적인 시선이 조지에게 꽂혔다.

"여기 조지는 잘 알고 있단다."

"아, 그러세요?"

"오랜만이구나, 조지?"

"……."

집사가 인사를 건넸지만 조지는 대꾸조차 하지 않았다. 어색하게 웃으며 두 사람을 번갈아 보던 리사가 조지의 옆구리를 쿡 찔렀다.

"조지, 인사를 받았으면 답례를 해야지?"

"……."

"억지로 인사할 필요 없다. 어차피 난 조지를 집안으로 들일 생각이 없으니까."

리사가 깜짝 놀라 집사를 보았다.

"네에? 그건 또 무슨 말씀이세요?"

"방금 들었잖니? 조지를 집안으로 들이지 않겠다고."

순간 리사의 입가에서 웃음기가 싹 사라졌다.

"아저씨는 이 집의 집사가 아닌가요? 이 집 주인의 친구들이 왔는데, 전달조차 해주지 않는다는 건 월권행위라고 생각하는데요."

"물론 다른 친구들이라면 그게 누가 됐든 핸더슨 아가씨에게 전달했을 거다. 하지만 올 때마다 친구들과 싸움을 일으키는 조지라면 얘기가 달라지지 않겠니?"

"조지가 싸움을 일으켰다고요?"

"지난번에 왔을 때도, 또 그 전에 왔을 때도 어김없이 소동을 일으켰지. 오죽하면 주인마님께서 조지만은 절대 들이지 말라는 엄명을 내리셨겠니?"

"네? 조지, 이게 무슨 소리야?"

"돌아가자!"

조지가 빙글 몸을 돌려세웠다. 리사가 급히 그의 뒤를 따라갔다.

"조지! 이대로 가면 어떡해?"

이때 대문 안쪽에서 구원자의 목소리가 들려왔다.

"집사님, 이게 무슨 짓이에요?"

"!"

리사와 조지가 동시에 뒤를 돌아보았다. 단단히 화가 난 핸더슨이 대문 너머로 보였다. 핸더슨이 간신히 화를 누르는 듯한 목소리로 집사에게 따졌다.

"조지와 리사는 제 친구예요. 그런데 어떻게 제 허락도 없이 보낼 수가 있죠?"

"하지만 주인마님께서……."

"아무리 엄마가 그렇게 말했다고 해도 저는 섭섭해요."

"죄송합니다, 아가씨. 다음부턴 주의하겠습니다."

집사의 사과를 받아낸 핸더슨이 대문을 열고 조지와 리사 앞에 섰다. 그녀가 다정하게 미소 지으며 두 사람을 반겼다.

"조지, 어서 와. 정말 잘 왔어."

"막 돌아가려던 참이었어."

"여기까지 왔는데 그냥 가면 어떡해? 다른 친구들도 기다리고 있으니 어서 들어가자, 응?"

"어어…… 이거 놓고 말해."

핸더슨이 팔을 잡아끌자, 조지는 못 이기는 척 끌려갔다. 리사도 두 사람을 따라 저택 안으로 들어갔다.

우아하게 꾸며진 거실을 가로질러 조지와 리사는 핸더슨의 방으로 들어갔다. 널찍한 방 한복판에 놓인 테이블에는 이미 다섯 명의 아이들이 둘러앉아 공부를 하고 있었다. 아이들 중 한둘은 낮에 탄광에서 보았던 견습 광부가 분명했다.

"안녕? 반가워."

리사가 반갑게 인사를 건네자, 아이들도 손을 흔들었다. 핸더슨이 심드렁한 얼굴로 선 조지를 가리키며 들뜬 목소리로 말했다.

"오늘부터 조지도 다시 우리와 공부하게 됐어."

"어서 와, 조지!"

"잘 돌아왔어!"

"……."

친구들이 반갑게 인사를 건넸지만 조지는 굳은 표정을 풀지 않았다. 어색한 분위기를 무마하려는 듯 핸더슨이 재빨리 의자를 뺐다.

"조지, 이쪽으로 앉아. 리사도 앉고."

"으응, 고마워!"

리사가 조지의 팔을 끌어당기며 의자에 앉았다.

핸더슨이 알파벳과 몇 개의 단어가 적힌 칠판 옆에 서서 조지를 향해 빙그레 미소 지었다.

"우리는 글자를 배우고 있었어. 조지도 어떻게 하는지 알고 있지?"

"……."

쿠욱!

리사가 옆구리를 찌르자, 조지가 마지못해 답했다.

"으응……."

"내가 먼저 단어를 읽으면 너희들은 크게 따라 읽으면 되는 거야."

핸더슨이 단어를 하나씩 가리키며 읽으면 조지와 아이들이 목청

높여 따라 읽었다.

"구름!"

"구름!"

"들판!"

"들판!"

다 아는 단어였지만 리사도 큰 소리로 따라 읽었다. 그러면서 눈으로는 조지의 안색을 살폈다. 다행히 시간이 흐를수록 조지도 조금씩 기분이 풀리는 것 같았다. 언제 그랬냐는 듯 단어를 외우는 데 집중하는 조지를 보며 리사는 어쩔 수 없이 선재를 떠올렸다. 선재는 지금쯤 뭘 하고 있을까? 시험문제 중에 모르는 문제는 몇 개나 될까?

생각지도 못했던 훼방꾼이 나타난 것은 바로 그때였다.

"여어~ 핸더슨! 오늘도 열심이구나?"

탄광촌 아이답지 않게 고급스런 면바지와 실크 셔츠 차림의 소년이 방에 들어와서는 핸더슨을 향해 반갑게 손을 흔들었다. 소년을 발견한 핸더슨의 입가에도 반가운 미소가 떠올랐다.

"어서 와, 로일."

"으음……."

순간 조지의 얼굴이 딱딱하게 굳었다. 핸더슨과 정답게 악수하는 로일을 쏘아보는 조지의 눈빛이 심상치 않았다. 리사가 불안한 눈으로 핸더슨과 로일을 보았다.

'조지가 야학에 오기 싫어하는 이유가 있었어. 핸더슨에겐 자신과

는 비교조차 되지 않는 남자친구가 있었던 거야.'

핸더슨이 로일과 함께 리사를 향해 돌아섰다.

"다른 친구들은 모두 로일을 알고 있지? 리사한테만 소개하면 되겠구나? 로일은 너희들이 일하고 있는 탄광 소유주의 아들이야. 와일램 중등학교 최고의 수재이기도 하지."

"반가워. 리사라고 해."

"호오, 와일램에서 핸더슨 못지않은 미녀를 보게 될 줄이야. 반가워, 리사."

로일이 손을 잡고 손등에 가볍게 입을 맞추자 리사는 당황하여 억지로 웃었다.

"하하……!"

조지가 고까워서 견딜 수 없다는 듯이 그를 향해 비아냥거렸다.

"로일, 네 녀석의 느끼함은 여전하구나. 기름을 한 컵 가득 들이킨 기분이다. 우웩!"

"조지, 또 시비를 거는 거야? 지난번에 내 주먹맛을 충분히 봤을 텐데?"

조지가 자리를 박차고 일어섰다.

"이 자식이 뭐라는 거야? 그날 핸더슨이 말리지 않았으면 넌 병원 신세를 졌어!"

"그럼 못 다한 승부를 가려볼까?"

"나야말로 바라던 바야!"

조지와 로일은 당장이라도 주먹다짐을 벌일 기세였다. 핸더슨이 버럭 소리를 질렀다.

"제발 그만 좀 해! 너희들은 어떻게 만나기만 하면 싸우니?!"

"……!"

핸더슨의 목소리가 어찌나 컸는지 조지와 로일 모두 눈이 휘둥그레졌다. 핸더슨이 두 사람의 얼굴을 똑바로 쳐다보며 경고했다.

"지난번과 같은 싸움은 절대로 용서 못 해. 절대로! 내 말 무슨 뜻인지 알겠지?"

"으응……."

핸더슨의 서슬에 질린 두 사람이 고개를 끄덕였다. 하지만 두 사람의 적대적인 시선은 아직 서로를 향한 채였다.

리사도 처음에는 조지가 과민반응을 보인다고 생각했다. 그런데 수업을 진행하다 보니 그게 아니었다. 오히려 로일이 은근히 조지를 자극하곤 했던 것이다.

핸더슨의 글자 공부가 끝나자 로일이 나서서 아이들에게 수학을 가르쳤다. 로일이 자신보다 수학을 훨씬 잘한다고 핸더슨이 설명했지만, 문제는 로일의 수업 진행 방식이었다.

"자, 이번 문제는 누가 풀어볼까?"

"……."

그때까지 매우 쉬운 문제만 내던 로일이 갑자기 어려운 문제를 냈다. 그리고 음모를 꾸미는 듯한 눈으로 아이들의 얼굴을 둘러보았다. 로일의 손가락이 불쑥 조지에게로 향했다.

"조지, 네가 한번 풀어봐."

"내, 내가?"

"왜, 자신 없어?"

로일의 입가에 비웃음이 스치자 조지가 발끈하여 일어섰다.

"흥! 그깟 문제도 못 풀까봐?"

리사는 웬만하면 말리고 싶었다. 하지만 말린다고 들을 조지도 아니었기에 지켜볼 수밖에 없었다. 칠판 앞에 서서 골똘히 생각에 잠겨 있던 조지가 풀이를 슥슥 적어나가기 시작했다. 처음에는 제대로 한다 싶었는데, 얼마 지나지 않아 엉뚱한 방향으로 흘러가고 말았다. 결국 조지는 손을 멈추고 한숨을 길게 내쉬었다. 로일이 그런 조지의 옆으로 다가왔다.

"왜? 못 풀겠어?"

"으음……."

"풀 수 있는지 없는지 확실하게 말해줄래? 다른 아이들이 너를 위해서 언제까지나 기다려줄 순 없잖냐."

"모, 못 풀겠어."

조지는 결국 포기하고 말았다.

"그러게 왜 알지도 못하면서 나서? 저리 비켜!"

로일이 조지를 어깨로 툭 밀쳤다. 칠판 옆으로 밀려난 조지는 물

흐르듯 풀이를 적는 로일을 패배감 짙은 표정으로 지켜볼 수밖에 없었다. 순식간에 문제를 푼 로일이 손바닥을 탁탁 털며 조지를 향해 돌아섰다.

"너를 볼 때마다 참 신기하다는 생각이 들어. 너처럼 잘난 체하기 좋아하는 녀석이 왜 이런 간단한 문제조차 풀지 못하는 걸까, 응?"

"끄으으……!"

이죽거리는 로일의 얼굴에 한 방 먹이고 싶은 걸 참느라 오히려 리사가 주먹을 부르르 떨었다. 리사는 이제야 조지가 왜 그토록 야학에 오기를 꺼려했는지 알 것 같았다. 그리고 아무것도 모르면서 조지를 끌고 온 스스로가 원망스러웠다.

'조지, 뺀질이 녀석한테 한 방 먹여! 내가 책임질 테니까 일단 한 방 먹이라고!'

리사의 마음을 아는지 모르는지 이미 기가 죽은 조지는 로일에게 그 어떤 대꾸도 못 하고 자리에 앉았다. 그런 조지를 지켜보며 리사는 속이 상해 미쳐버릴 것 같았다. 리사의 성난 시선이 로일과 시시덕거리는 핸더슨에게로 향했다.

'핸더슨은 로일을 왜 그냥 두는 거야? 혹시 로일을 좋아해서 일부러 모른 척하는 거야? 그렇다면 정말 실망이야.'

5
야학의 앙숙

그 후 며칠 동안 리사는 조지에게 더 이상 야학에 가자는 말을 하지 않았다. 조지도 야학이나 핸더슨에 대해선 입도 벙긋하지 않았다. 조지와 리사 모두 약속이라도 한 것처럼 탄광 일에 몰두했다. 조지는 온종일 열심히 증기기관에 석탄을 집어넣었고, 리사는 탄이 가득 실린 수레를 끌었다.

그날 일을 마치고 집으로 돌아온 리사는 저녁을 먹자마자 다락방으로 올라갔다.

"으하암~ 정말 고단한 하루였어."

녹초가 된 리사는 매트리스 위에 누워 그대로 잠을 청했다. 이때 조지가 다락방 위로 불쑥 얼굴을 내밀었어.

"리사, 자고 있어?"

"……으응. 무슨 일이야?"

"실은 이걸 보여주고 싶어서……."

다락방으로 올라온 조지가 도화지 몇 장을 수줍게 내밀었다.

"하암~ 그림이라도 그린 거야?"

억지로 졸음을 밀어내며 도화지를 들여다본 리사의 눈이 휘둥그레졌다.

"이, 이건……?!"

"내가 언젠간 증기기관차를 만들고 싶다고 했지? 이건 내가 상상하는 설계도를 그려본 거야. 어때, 좀 엉터리 같지 않아?"

"아니야. 정말 굉장해."

"정말 그렇게 생각해?"

"정말이고말고. 이 기관차는 당장이라도 움직일 것처럼 보여."

리사는 진심으로 감탄했다. 그런데 조지가 어깨를 축 늘어뜨렸다.

"그런데 문제가 있어."

"응? 그게 뭔데?"

"증기기관이 제대로 작동하려면 얼마만큼의 열로 실린더와 피스톤에 정확한 압력을 가하느냐가 관건이야. 이걸 정확하게 계산하지 못하면 증기기관 자체가 폭발해버릴 수도 있거든."

"흐음, 생각처럼 쉬운 일이 아니구나."

"맞아. 그런데 나는 수학을 전혀 몰라. 아니, 글자조차 제대로 읽지 못하지. 다른 기술자가 써놓은 책을 읽으려고 해도 글자를 몰라 읽을 수가 없고, 만약 글자를 안다 해도 그 복잡한 수식을 이해하기란 불가능에 가까워."

"그렇구나……."

안타까운 표정으로 중얼거리던 리사가 조지의 얼굴을 흠칫 보았다.

"조지 너 혹시…… 핸더슨의 야학에 다시 나가고 싶은 거야?"

"아무리 생각해봐도 내가 글자와 수학을 제대로 배울 수 있는 곳은 그곳밖에 없더라고."

"그런데 로일 때문에 망설이는 거구나?"

"그 녀석은 사사건건 나를 못 잡아먹어 안달이야."

조지가 인상을 확 구기며 분한 기색을 감추지 않았다.

"특히 핸더슨 앞에서 나를 망신주려고 혈안이 되어 있지."

"너는 특히 핸더슨 앞에서 바보처럼 보이기 싫은 것이고?"

"!"

"나한테까지 숨길 필요 없어. 누군가를 좋아한다는 건 부끄러운 일이 아니잖아."

조지가 얼굴을 살짝 붉히며 자신 없는 목소리로 대꾸했다.

"하, 하지만 나는 가난한 광부의 아들이고 핸더슨은 부잣집 아가씨야. 핸더슨이 로일을 두고 나 같은 녀석을 좋아할 리 없잖아."

리사가 고개를 흔들었다.

"그렇지 않아. 네가 꿈을 이루기 위해 최선을 다한다면 핸더슨도 언젠간 너를 좋아하게 될 거야."

"정말 그럴까?"

"물론이지! 그러니까 지금이라도 다시 야학에 나가자. 꿈을 이루려면 글자와 수학부터 배워야 할 테니까."

"로일 녀석은 어떻게 하고?"

"무조건 무시해버려. 나는 내 꿈을 이루기 위해 여기에 와 있으니까 네 녀석이 뭐라고 하든 상관하지 않겠다! 이렇게 생각하는 거지, 뭐."

"으음……."

리사와 시선을 마주한 채 고민하던 조지가 씨익 웃었다.

"좋아! 로일 따윈 무시해버리자!"

"바로 그거야!"

"조지, 다시 왔구나!"

집사의 안내를 받아 방으로 들어오는 조지와 리사를 발견하고 핸더슨이 반색했다. 핸더슨과 함께 아이들을 가르치던 로일의 표정은 반대로 확 굳어졌다. 조지를 지그시 째려보는 로일의 눈빛에는 불만이 가득했다. 그러거나 말거나 리사는 조지의 손을 잡고 자리로 가서 앉았다.

핸더슨이 밝은 표정으로 아이들을 보았다.

"자, 조지도 왔으니까 다시 수업을 시작하자. 단어 공부를 계속할까?"

로일이 불쑥 핸더슨의 앞을 가로막고 나섰다.

"단어 공부는 많이 했으니까 이제부터 수학을 공부하자."

"그, 그럴까?"

핸더슨이 물러서자 로일이 칠판에 문제를 적기 시작했다. 이번에는 굉장히 쉬운 문제였다. 로일이 웃음 띤 얼굴로 돌아섰다.

"자, 이 문제를 풀어볼 사람?"

"내가 해볼게!"

"나도 할 수 있을 것 같아."

조지와 콧잔등에 주근깨가 있는 또 다른 아이가 손을 들었다.

"흐음, 누구를 시키는 게 좋을까?"

로일이 짐짓 고민스런 표정을 지었지만 리사는 저 교활한 녀석이 누구를 시킬지 짐작하고 있었다. 아니나 다를까, 로일의 손가락이 주근깨를 가리켰다.

"행크, 네가 한 번 풀어볼래?"

"알았어!"

주근깨가 벌떡 일어나 칠판으로 향했다. 그리고 간단하게 문제를 풀어버렸다. 뿌듯한 표정을 짓는 주근깨를 로일이 칭찬했다.

"행크, 수학 실력이 많이 늘었구나. 야학에서 열심히 공부한 보람이 있어. 그렇지 않니, 핸더슨?"

"으응, 로일의 말이 맞아."

"자, 그럼 또 다른 문제를 내볼까?"

로일은 연달아 두 문제를 더 냈다. 역시나 쉬운 문제였다. 조지가 두 번 다 손을 들었지만 로일은 결코 조지를 가리키지 않았다. 다른 두 아이가 문제를 어렵지 않게 풀었고, 그 아이들 역시 성과에 비해 과분한 칭찬을 들었다.

그리고 로일이 마침내 숨겨두었던 가장 어려운 문제를 내놓았다.

"자, 이번 문제는 누가 풀어볼까?"

로일이 물었지만 이번에는 아무도 손을 들지 않았다. 로일은 미간을 살짝 찌푸렸다.

"방금 전의 문제들에 비해 그렇게 어렵지도 않은데 왜들 그러는지 모르겠네. 정말 풀어보고 싶은 사람 없어?"

"……"

"정 그렇다면 내가 직접 지목할까?"

리사가 저도 모르게 로일을 째려보며 중얼거렸다.

"흥! 틀림없이 조지를 지목하겠지?"

"조지, 네가 한번 풀어볼래?"

"이럴 줄 알았어. 조지, 나갈 필요……"

리사가 분통을 터뜨리며 조지를 붙잡았다. 그러나 조지는 리사의 손을 가볍게 뿌리치고 일어섰다.

"조지……?"

"나는 괜찮아."

조지가 태연히 칠판으로 향했다. 분필을 집는 조지의 뒷모습을 보며 리사가 고개를 갸웃했다.

"조지가 왜 저러지? 설마 문제를 풀 수 있다는 걸까?"

혹시나 하는 리사의 기대는 여지없이 빗나갔다. 조지는 식을 몇 줄 끄적이는가 싶더니 이내 분필을 내려놓고 말았다. 그런 조지를 향해 기다렸다는 듯 로일의 비아냥거림이 쏟아졌다.

"조지, 너는 어떻게 나아질 기미가 안 보이냐? 이 정도 문제를 풀지 못하다니, 다른 친구들한테 부끄럽지도 않아? 내가 보기에 너는 수학에는 영 소질이 없는 것 같다."

"……."

조지는 입을 꾹 다문 채 자신을 비웃는 로일을 보고만 있었다. 리사와 핸더슨은 물론 다른 아이들까지 긴장된 눈으로 당장이라도 주먹을 날릴 것 같은 조지를 주시했다. 이때 놀라운 일이 벌어졌다. 조지가 로일을 향해 머리를 숙이는 것이 아닌가.

"미안해. 네 말대로 나는 정말 수학에는 소질이 없는 거 같아. 이런 나 때문에 힘들겠지만 앞으로도 로일 네가 많이 도와주면 고맙겠어."

"뭐, 뭐라는 거야……?"

조지의 태도에 로일은 오히려 당황했다.

"아, 조지는 정말 훌륭해!"

핸더슨이 양손을 맞잡고 감탄사를 발하자 로일은 흠칫했다. 핸더슨이 당황하는 로일을 지나쳐 조지 앞으로 다가갔다. 그리고 조지의 손을 힘주어 잡았다.

"자신이 부족하다는 걸 인정하는 것이야말로 진정한 용기야. 나는 조지 네가 이렇게 용기 있는 아이인 줄 몰랐어."

핸더슨의 칭찬에 멋쩍은지 뒤통수를 긁적이며 웃는 조지를 보는 로일의 눈에서 불길이 확 치솟는 것 같았다. 분을 참지 못하고 부들부들 떠는 로일을 보며 리사는 회심의 미소를 지었다.

'흥! 제 꾀에 넘어간 기분이 어때? 너처럼 약아빠진 녀석은 언젠간 대가를 치르는 법이야.'

별이 총총한 밤하늘을 올려다보며 조지와 리사는 집으로 향했다. 별빛을 반사하는 조지의 얼굴을 리사가 힐끗 돌아보았다.

"왜 그랬어?"

"응?"

"로일이 널 화나게 했잖아. 그런데 왜 참았어?"

"……."

"조지?"

"네가 말했잖아. 꿈을 이루기 위해 최선을 다하는 모습을 보여준다면 핸더슨도 언젠간 나를 좋아하게 될 거라고."

"아……!"

"로일이 뭐라고 하든 나는 내 꿈만 바라보며 앞으로 나아갈 생각이야. 지금은 그것만이 내가 해야 할 일이라고 생각해."

리사는 조지가 하룻밤만에 어른이 되어버린 것 같다고 생각했다.

그로부터 몇 년의 시간이 흐르는 동안 조지는 낮에는 탄광에서 일하고, 밤에는 핸더슨의 야학에서 공부하는 생활을 계속했다. 그 사이 조지는 탄광에서의 노력을 인정받아 아빠인 로버트보다 높은 증기기관 기관공으로 승진하게 되었다. 그 사이 증기기관에 대한 전문서적도 술술 읽을 정도로 완벽하게 글을 익히게 되었고, 수학 실력도 눈에 띄게 성장했다. 조지의 성장을 누구보다 기뻐한 사람은 핸더슨이었다. 조지의 실력이 늘어감에 따라 두 사람의 사이도 가까워졌다. 로일의 끈질긴 방해도 두 사람의 서로에 대한 관심과 애정을 막을 수는 없었다.

여름 꽃이 하얗게 피어난 저녁, 조지와 핸더슨은 마을 한복판에 있는 공원을 산책했다. 약간 떨어진 뒤에서 나란히 걷는 조지와 핸더슨의 뒷모습을 지켜보며 리사가 빙긋 웃었다.

"선남선녀가 따로 없구나."

핸더슨이 연못 근처의 커다란 나무 아래를 가리켰다.

"우리 저기서 잠깐 쉬었다 갈까?"

"좋아."

나무 아래의 풀밭에 앉으려는 핸더슨을 조지가 막았다.

"잠깐 기다려!"

"왜 그래?"

"이걸 깔고 앉으라고."

조지가 깨끗하게 다림질한 손수건을 펼쳐서 풀밭에 깔아주었다.

"조지, 이럴 필요까진 없는데……."

말은 그렇게 하면서도 핸더슨은 행복한 표정을 지었다. 리사가 조지와 함께 풀밭에 앉으며 입술을 비쭉였다.

"흥, 핸더슨은 좋겠다!"

"응, 너무 좋아."

"헤헤……!"

서로의 얼굴을 마주보며 환하게 미소 짓는 두 사람의 모습에 리사도 유쾌해졌다. 지난 몇 년 사이 두 사람은 확실히 변해 있었다. 뭐랄까, 서로에 대한 끈끈한 유대감 같은 게 생겼다고나 할까?

거위 두 마리가 날개를 퍼덕이며 연못을 유유히 헤엄치는 게 보였다. 서로에게 긴 목을 비비며 애정표현을 하는 사이좋은 한 쌍이었다. 행복해 보이는 거위들을 바라보던 핸더슨이 조지의 어깨에 머리를 기댔다. 움찔했던 조지가 이내 빙그레 웃으며 핸더슨이 조금 더 편하게 기댈 수 있도록 허리를 낮춰주었다. 그렇게 서로에게 기댄 채 노을에 물들어가는 하늘을 바라보는 조지와 핸더슨을 돌아보며 리사는 두 사람도 꼭 저 거위들처럼 다정하다고 생각했다.

공원을 산책하던 마을 사람들 몇명이 조지와 핸더슨을 발견하고 수군거리는 소리가 들렸다.

"저기 핸더슨 아가씨 아니에요?"

"그렇군. 그 옆에는 우리 탄광의 기관공인 조지가 분명해."

"둘이 사귄다는 소문이 사실이었던 모양이네."

"어쨌든 잘 어울리는 한 쌍이구먼."

조지와 핸더슨은 이제 사람들의 시선조차 신경 쓰지 않았다. 리사는 두 사람의 앞날에 행복한 날들만 이어지리라 확신했다. 적어도 꼴 보기 싫은 훼방꾼이 나타나기 전까지만 해도.

"핸더슨, 창피하게 저런 녀석과 무슨 짓을 하고 있는 거야?"

고함소리에 놀라 고개를 돌린 조지와 핸더슨은 씩씩거리며 선 로일을 보았다. 질투심에 눈이 뒤집힌 로일의 모습에 리사는 손바닥으로 이마를 탁 때릴 수밖에 없었다.

"으이그~ 사사건건 데이트를 방해하는 훼방꾼이 오늘도 나타나셨군!"

로일이 다짜고짜 핸더슨의 손목을 움켜잡았다.

"핸더슨, 일어나! 내가 바래다줄 테니 집으로 가자!"

"아얏! 로일, 이것 놔!"

핸더슨이 비명을 질렀지만 로일은 포기하지 않았다.

"부모님을 생각해! 네가 지금 너희 가문에 먹칠을 하고 있다고!"

"당장 그 손 놓지 못해?!"

조지가 더 이상 참지 못하고 자리를 박차고 일어선 것은 그때였다. 로일이 그제야 핸더슨의 손을 놓고 대신 조지의 멱살을 와락 움켜잡았다.

"이 자식! 천한 광부 주제에 감히 누구를 넘보는 거야?"

"광부가 천하다고? 그럼 그런 광부들 덕분에 먹고 사는 너희 집안은 뭐가 되는 건데?"

"뭐가 어쩌고 어째?"

조지가 멱살을 잡은 로일의 손을 뜯어내며 으르렁거렸다.

"다시는 나와 핸더슨 앞에 나타나지 마라. 이건 마지막 경고야. 가자, 핸더슨."

"꺄아악!"

조지가 몸을 돌리는 순간, 핸더슨이 비명을 질렀다. 로일이 조지를 노리고 주먹을 날렸기 때문이다.

퍼억!

"크흑!"

로일의 주먹에 얻어맞은 조지가 휘청거렸다. 그런 조지를 노리고 로일이 다시 주먹을 휘둘렀다.

"조지! 이 재수 없는 자식아!"

퍼어억!

"악!"

하지만 조지가 고개를 숙여 피하며 오히려 로일의 옆구리에 주먹을 꽂자 로일은 입을 쩍 벌리며 무릎을 꿇었다. 숨을 헐떡이며 조지가 냉담하게 내뱉었다.

"끝까지 비열한 녀석! 너 같은 녀석한텐 더더욱 핸더슨을 양보할 수 없어!"

조지가 핸더슨의 손을 힘주어 잡으며 돌아섰다. 뒤쪽에서 로일이 악을 쓰는 소리가 들렸다.

"너희 둘은 절대로 맺어질 수 없어! 두고 봐! 내가 꼭 그렇게 만들 테니까!"

 로일의 목소리가 꼭 무슨 저주처럼 들려 리사는 저도 모르게 부르르 진저리를 쳤다.

 리사의 불길한 예감은 유난히 무더웠던 그해 여름 어느 날 현실로 다가오고 말았다.

 그날도 조지와 리사는 탄광에서 열심히 일하고 있었다. 고된 오전 작업을 끝내고 둘러앉아 점심식사를 하고 있었는데 고참 광부인 조나단 할아버지가 다른 광부들과 숙덕이는 소리가 들렸다.

 "우리 사장님의 아들이 곧 결혼을 한다는군."

 "그 대단한 행운을 움켜쥔 아가씨가 대체 누군데?"

 "야학에서 우리 아이들을 가르치는 핸더슨 아가씨 알지? 바로 그 아가씨래."

 "뭐라고? 하지만 핸더슨 아가씨는 조지와 사귀는 사이 아니었나?"

 "그러게 말이야. 내가 보기에도 두 사람 썩 어울려 보였는데."

 "아가씨 집안에서 반대를 했겠지. 조지만 불쌍하게 되었군."

 광부들이 수군거리는 소리에 리사가 백짓장처럼 창백해진 조지의 얼굴을 휙 돌아보았다.

 "조지, 이게 대체 무슨 소리지?"

 "……나도 모르겠어."

 "핸더슨한테 무슨 소리 못 들었어?"

"전혀."

"핸더슨이 그럴 리가 없는데……."

조지가 자리를 박차고 일어섰다.

"리사, 미안한데 나대신 증기기관을 좀 맡아줄래? 나는 잠시 다녀와야 할 것 같아."

"알았으니까 어서 가봐."

"고마워!"

"핸더슨! 핸더슨! 나, 조지야! 할 말이 있어서 왔어!"

쾅! 쾅! 쾅!

핸더슨의 집으로 달려간 조지는 굳게 닫힌 대문을 정신없이 두드렸다. 잠시 후에 문이 열리며 여전히 꼬장꼬장한 모습의 집사가 나타났다.

"조지, 오늘은 대낮부터 무슨 일이지?"

"핸더슨을 만나게 해주세요."

"미안하지만 그건 좀 곤란할 거 같구나."

집사의 옆으로 차가운 인상의 귀부인이 모습을 드러냈다. 부인의 등장에 조지가 흠칫 놀라며 고개를 숙였다.

"안녕하세요, 부인. 죄송하지만 핸더슨을 잠시만 만나게 해주십시오."

조지의 절박한 얼굴을 지그시 보던 부인이 싸늘한 얼굴로 대꾸했다.

"핸더슨은 이제 곧 결혼할 몸이니 사적으로 만나는 일 따윈 그만두었으면 좋겠구나."

"하지만 부인."

"돌아가렴. 분수도 모르는 녀석이 감히 누굴 넘봐?"

"그만하세요, 엄마!"

이때 부인과 집사의 사이로 핸더슨이 모습을 드러냈다. 조지를 향해 다가가려는 딸을 부인이 팔을 뻗어 막았다.

"더 이상 저 녀석과 만나지 말라고 했잖니."

"잠깐만요, 엄마. 아주 잠깐이면 돼요."

핸더슨이 눈물이라도 흘릴 것 같은 표정으로 애원하자 부인의 태도도 살짝 누그러졌다.

"좋아. 딱 5분이다. 빨리 들어오렴."

"고마워요."

"흥!"

부인이 조지를 못마땅한 듯 째려보곤 저택 안으로 사라졌다.

"……."

조지와 핸더슨은 한동안 아무 말도 없이 서로의 얼굴을 뚫어져라 응시했다. 조지는 답답해서 심장이 터져버릴 것 같았다. 이곳으로 달려오면서 핸더슨을 만나면 하고 싶은 말이 산더미같았다. 그런데 막상 얼굴을 마주하자 머릿속이 하얘지며 아무 생각도 떠오르지 않았다. 한참만에야 조지는 간신히 입술을 달싹였다,

"핸더슨, 나는…… 나는 말이지……."

"우리 조금 걸을까?"

핸더슨이 조지의 손을 살며시 잡았다. 두 사람은 백일홍이 붉게 핀 길을 함께 걸었다. 알싸한 꽃향기를 맡으며 조지는 핸더슨의 옆얼굴을 힐끔거렸다. 조지가 간신히 용기를 쥐어짜 물었다.

"핸더슨, 로일과 결혼한다는 소문이 사실이야?"

"……."

"핸더슨?"

"우리 부모님은 완고하신 분이야. 고등교육을 받은 딸이 광부의 아내가 되는 걸 허락하실 분들이 아니지."

순간 조지가 우뚝 멈춰 서서 핸더슨을 향해 소리쳤다.

"핸더슨, 나에게도 꿈이 있어! 증기기관차를 발명할 거야! 그럼 나도 너의 부모님을 만족시킬 만한 남자가 될 수 있겠지! 그러니까 나한테 조금만 더 시간을 주면……."

"……미안해, 조지."

"아……!"

핸더슨의 커다란 눈에서 눈물이 주르륵 흐르자 조지는 낮게 탄식했다. 그제야 그는 모든 것을 되돌리기에는 너무 늦어버렸음을 깨달았다. 조지가 가늘게 떨리는 손을 핸더슨의 얼굴을 향해 뻗었다. 핸더슨의 눈물을 닦아주며 조지가 억지로 미소 지었다.

"핸더슨, 결혼 축하해. 언제까지나 행복하길 바랄게."

"으흐흑!"

그날 집으로 돌아온 조지는 곧장 침대로 쓰러졌다. 리사는 궁금한 게 많았지만 아무것도 물어볼 수가 없었다. 다만, 새벽 무렵 조지가 베개에 얼굴을 파묻고 소리죽여 흐느끼는 소리를 듣고서야 핸더슨이 로일과 결혼한다는 소문이 사실임을 알았다.

날이 밝았지만 조지는 일어나지 못했다. 이마에 손을 대어보니 열이 펄펄 끓어오르고 있었다. 결국 조지는 광부가 된 이후 처음으로 결근이란 것을 하게 되었다. 탄광에서 조지의 몫까지 열심히 일하며 리사는 걱정이 되어 견딜 수가 없었다.

다음 날도, 그 다음 날도 조지는 일어나지 못했다. 그렇게 길게 아팠던 조지는 일주일이 지나서야 겨우 자리를 털고 일어났다.

탄광 일을 끝내고 집으로 돌아온 리사는 앞마당에서 무언가를 불사르고 있는 조지를 발견하고 달려갔다.

"조지! 이제 괜찮아진 거야?"

"으응!"

건성으로 대답하며 조지가 불쏘시개로 불을 뒤적였다. 리사가 고개를 갸웃하며 조지 옆에 쪼그리고 앉았다.

"뭘 태우는 거야?"

"……."

"으앗! 이, 이건 수학과 증기기관에 대한 책들이잖아! 조지, 대체 무슨 짓이야?"

리사가 조지를 확 밀치고 발로 정신없이 불을 껐다. 하지만 책들은

이미 숯덩이로 변해버린 후였다.

"이, 이걸 어쩌면 좋아?"

안타까운 마음에 눈물을 글썽이는 리사의 뒤쪽에서 조지의 웃음소리가 들렸다.

"큭큭큭! 어차피 다시는 보지 않을 책들이야. 태워버리는 게 나아."

"조지, 대체 왜 그래? 설마 꿈을 포기하겠다는 거야?"

"그건 꿈이 아니라 신기루였어."

"뭐라고?"

"언젠가는 잡을 수 있다고 믿고 죽어라 달려가지만 결국은 결코 잡을 수 없다는 사실을 깨닫고 절망하게 되는 그런 신기루."

"조지, 그렇지 않아. 너는 분명 꿈을 향해 다가가고 있었어."

"그럼 핸더슨이 왜 떠나버린 건데?"

"……!"

"내게 희망이 있었다면 핸더슨이 저렇게 떠나버릴 리가 없잖아? 이제 다 귀찮아졌어. 광부면 광부답게 석탄이나 캐면서 살 거야."

"아아……!"

고개를 설레설레 흔들며 집안으로 들어가는 조지의 뒷모습을 리사가 절망적인 시선으로 바라보았다.

그날 저녁, 고민을 거듭하던 리사는 핸더슨의 집으로 향했다. 집사의 안내로 핸더슨의 방으로 들어간 리사는 로일과 차를 마시고 있는 그녀를 발견하고 움찔했다.

"여어~ 이게 누구야? 조지의 단짝친구 리사잖아. 그런데 넌 어째 나이를 먹지 않고 처음 만났을 때와 똑같은 것 같냐?"

자신을 향해 이죽거리는 로일의 태도에 리사는 핸더슨을 찾아온 것을 후회했다. 하지만 이미 엎질러진 물이었다. 로일을 철저히 무시하기로 결심하며 리사가 핸더슨을 똑바로 쳐다보았다.

"핸더슨, 로일과의 결혼을 다시 한 번 생각해주면 안 될까?"

"뭐라고? 야! 너 지금 무슨 소리를 지껄이는 거야?"

로일이 발끈했지만 리사는 제 할 말만 계속했다.

"너를 만나고 와서 조지가 계속 아팠어. 밤마다 잠을 이루지 못하고 소리죽여 흐느꼈지. 오늘은 결국 그렇게 아끼던 수학과 증기기관에 관한 책까지 몽땅 불살라버렸지 뭐야. 나는 정말 조지에게 무슨 일이 생길까봐 무서워 죽겠어."

"아아……!"

리사의 말을 들은 핸더슨의 얼굴이 울상으로 변했다. 당황하던 로일이 자리를 박차고 일어섰다. 그리고 리사의 어깨를 거칠게 밀쳤다.

"나가! 빨리 나가!"

"핸더슨, 조지를 한 번만 만나줘! 부탁할게!"

"나가라니까!"

쾅!

로일이 기어이 리사를 쫓아내고 방문을 거칠게 닫았다.

"쳇! 괜한 소리를 하고 있어."

"흐흑!"

로일이 손바닥을 털며 돌아서는 순간, 핸더슨이 기어이 눈물을 터뜨렸다. 로일이 재빨리 핸더슨의 어깨를 감쌌다.

"조지 녀석은 잊어버려. 어차피 너와는 신분이 다른 녀석이야."

"로일……."

"응?"

"아무래도 안 될 것 같아."

"뭐가 안 된다는 거야?"

"우리 결혼 말이야. 나는 도저히 조지를 잊을 수 없어."

"이이……!"

로일의 표정이 험악하게 일그러졌다.

그로부터 며칠 동안 로일은 핸더슨을 달래느라 진땀을 흘려야 했다. 그러나 끈질긴 노력에도 불구하고 핸더슨은 여전히 조지를 잊지 못하는 눈치였다. 결국 로일은 핸더슨을 데리고 조지가 일하고 있는 탄광에 가기로 결심했다. 로일이 갑자기 개과천선해서 핸더슨과 로일을 만나게 해주려는 것은 물론 아니었다. 로일에게는 나름 꿍꿍이가 있었던 것이다.

"탄광 안에서 검은 칠을 하고 땀범벅이 되어 기어 다니는 조지를 보면 핸더슨도 생각이 달라지겠지. 그런 놈의 아내가 된다고 상상만

해도 아마 소름이 끼칠걸."

그렇게 해서 여름이 절정을 향해 치닫던 7월의 어느 아침, 로일은 핸더슨을 데리고 탄광으로 향했다. 원래 일반인의 탄광 출입은 철저히 통제되었지만 사장의 아들인 로일을 막을 사람은 없었다.

로일의 예상대로 탄광 안으로 깊숙이 들어갈수록 핸더슨의 표정이 조금씩 굳어지기 시작했다. 석탄 가루가 자욱하게 날리는 무더운 공기 속에서 땀과 석탄 가루로 범벅이 된 광부들이 숨을 헐떡이며 곡괭이질을 하거나 수레를 끌고 있었다.

핸더슨이 연신 기침을 하며 겁에 질린 눈으로 주위를 둘러보았다.

"콜록콜록! 이, 이런 곳에서 사람들이 일을 하고 있다니!"

"아직 입구에 불과해. 한참 더 내려가야 탄광의 중심부가 나와."

"나, 나는 그만 밖으로 나갈래. 숨이 막혀서 견딜 수가 없어."

돌아서려는 핸더슨의 손목을 로일이 붙잡았다

"조지를 만나고 싶지 않아?"

"……."

"조금만 더 들어가면 조지를 만날 수 있을 텐데?"

핸더슨은 결국 로일의 손에 이끌려 걸음을 옮겼다.

6
끔찍한 위기

그때 조지와 리사는 말썽을 일으킨 증기기관을 고치느라 여념이 없었다. 조지는 이제 땅 위에서 석탄을 관리하는 아빠를 대신해 증기기관을 책임지는 기관공이었고, 리사는 조수인 화부였다. 지난 며칠간 조지가 결근을 하자, 낡은 증기기관이 말썽을 일으킨 것이다.

따앙! 따앙! 따앙!

조지가 증기기관의 베어링을 망치로 두드리며 리사에게 외쳤다.

"리사, 그쪽 밸브를 힘껏 돌려! 이 게으른 녀석을 강제로라도 움직이게 만들어야겠어!"

"알았어! 어영차~"

리사는 힘을 다해 밸브를 돌리려고 했다. 하지만 그것은 꿈쩍도 하지 않았다. 조지가 망치를 던져버리고 플라이휠을 양손으로 밀기 시작했다.

"조금만! 조금만 더 힘을 줘!"

치이이익-!

증기기관이 자신을 억지로 움직이려는 사람들에게 화가 났는지 시커먼 연기를 내뿜었다. 조지와 리사의 몸은 순식간에 기름과 검댕이로 범벅이 되어버렸다. 그래도 두 사람은 포기하지 않았다. 증기기관이 돌아가지 않으면 탄광에 물이 고이고, 그럼 광부들 전체가 일손을 멈추고 대피해야 하기 때문이었다. 조지가 마지막 힘을 끌어올리며 소리를 질렀다.

"으아아아!"

덜커덩!

통- 통- 통- 통-!

증기기관이 크게 한 번 요동치더니 힘차게 돌아가기 시작했다.

"휴우우…… 간신히 살았다!"

완전히 지친 리사와 조지가 그 자리에 털썩 주저앉았다. 서로의 얼굴을 마주보며 숨을 헐떡이던 조지와 리사는 피식 웃고 말았다. 둘다 꼴이 말이 아니었던 것이다.

"여어~ 너희들 정말 볼 만하구나!"

비아냥거리는 소리에 조지와 리사가 고개를 돌렸다. 좁은 갱도에 로일과 핸더슨이 손수건으로 입을 틀어막은 채 서 있었다. 핸더슨은 조지의 형편없는 몰골에 놀란 듯 눈을 동그랗게 뜬 채였다.

"너, 너희들이 여긴 어쩐 일이야?"

핸더슨을 발견한 조지가 두 손으로 얼굴과 옷에 묻은 검댕을 정신없이 털기 시작했다. 하지만 기름이 섞여 끈적끈적한 검댕은 털어내려고 하면 할수록 더 시커멓게 번졌다. 조지가 갑자기 손을 멈추고는 자조적으로 중얼거렸다.

"쳇! 내가 지금 무슨 짓을 하는 거지? 광부의 모습이 이런 게 당연하잖아?"

조지가 로일과 핸더슨 앞에 당당하게 버티고 섰다. 그의 시선이 핸더슨에게 향했다.

"귀하신 아가씨께서 이런 누추한 곳까지 어인 행차시지? 설마 내가 얼마나 형편없이 살고 있는지 확인하러 온 것은 아닐 테고?"

"조지, 나는 그런 게 아니라……."

조지의 공격적인 태도에 핸더슨은 당황했다. 로일이 기다렸다는 듯이 끼어들었다.

"핸더슨, 봤지? 이게 네가 그리워하는 녀석의 실체야. 땅속에서 두더지처럼 뒹굴며 지상에 사는 사람들에 대한 원망만 키우고 있지. 정말 저런 녀석에게 돌아가고 싶어?"

"조지……."

핸더슨이 곤혹스런 얼굴로 신음을 흘렸다. 그 반응에 조지는 더 화가 났는지 핸더슨을 단호하게 내쳤다.

"그만 돌아가. 이곳은 너처럼 연약한 아가씨가 머물 만한 곳이 못돼."

"조지, 제발 나에게 매몰차게 굴지 말아줘. 나도, 나도 너를 좋아했단 말이야……."

"핸더슨, 무슨 말을 하는 거야?"

로일이 버럭 화를 냈다. 하지만 핸더슨의 시선은 조지의 얼굴에 고정되어 있었다. 적잖이 놀란 표정으로 핸더슨을 바라보던 조지가 불쑥 물었다.

"그럼 나와 결혼할 거야?"

"그, 그건……."

조지의 한쪽 입술이 슬쩍 올라갔다.

"역시 그건 힘들겠지? 내가 싫지는 않지만 이렇게 검댕을 뒤집어쓰고 있는 광부의 아내가 되는 건 상상조차 못 하겠지?"

"아아…… 조지!"

조지의 냉담한 태도에 핸더슨이 기어이 눈물을 비쳤다.

'조지 녀석, 대체 왜 저리 삐딱하게 구는 거야?'

리사는 핸더슨을 붙잡기는커녕 쫓아내려고 안달인 조지가 답답해 미칠 지경이었다. 리사가 조지의 뒤통수를 한 대 때려주려는 찰나, 로일이 핸더슨의 손을 확 끌어당겼다.

"그만 나가자! 저런 녀석과 얘기를 나눠봤자 네 명예만 더럽혀질 뿐이야!"

"조, 조지……!"

핸더슨이 로일에게 끌려가며 조지를 돌아보았다. 그러나 조지는

우두커니 서서 그녀를 붙잡을 생각을 하지 않았다.

"콰콰콰콰콰쾅-!"

엄청난 굉음과 함께 갱도 입구가 무너져 내린 것은 그때였다.

"으악!"

"꺄아악!"

갱도 안쪽으로 검은 가루 폭풍이 밀려들면서 조지와 리사는 비명을 지르며 나동그라졌다. 지독한 침묵 속에서 석탄 가루를 뒤집어쓴 채 조지와 리사는 한동안 죽은 듯이 엎드려 있었다.

"콜록콜록! 대체 무슨 일이 벌어진 거지?"

잠시 후, 조지와 리사는 가까스로 몸을 일으켰다. 제일 먼저 눈에 들어온 것은 천장이 허물어져 완전히 막혀버린 입구였다. 그 앞에 핸더슨이 쓰러져 있었고, 로일은 일어서려고 버둥거리고 있었다. 핸더슨이 일어나지 못하는 것을 보고 조지가 후다닥 달려갔다.

"핸더슨! 괜찮아?"

"으흑! 다, 다리가 안 움직여."

"이, 이런……!"

조지가 주머니에서 깨끗한 손수건을 꺼내 핸더슨의 다리를 칭칭 동여맸다. 조지가 핸더슨을 돌보는 사이 로일은 막힌 벽을 두드리며 고래고래 악을 썼다.

"이봐, 밖에 아무도 없어! 나 사장 아들 로일이야! 내가 이 안에 갇혔으니까 빨리 구하란 말이다!"

조지가 로일을 휙 째려보았다.

"탄광이 무너진 거야. 아무리 소리 질러봐야 소용없어."

"뭐, 뭐라고? 탄광이 무너져?"

로일이 눈을 부릅떴다.

"그, 그럼 우린 어떻게 되는 건데?"

"으음……."

신음을 흘리는 조지의 얼굴을 로일뿐 아니라, 리사와 핸더슨도 뚫어져라 보았다. 조지가 간신히 감정을 억누르며 대답했다.

"구조대가 오길 기다리거나, 아니면 여기서 죽게 될 거야."

"이 지저분한 탄광에서 죽는다고? 내가? 이 로일이?"

손바닥으로 제 가슴을 탕탕 치며 소리 지른 로일이 다시 미친 듯이 벽을 두드렸다.

"이봐, 내 말 안 들려? 빨리 날 구해! 나 사장 아들 로일이야!"

조지가 그런 로일을 향해 눈을 치켜떴다.

"로일, 일단 진정해. 지금은 핸더슨을 돌보는 게 우선이야."

"시끄러워! 여길 빠져나가야 핸더슨도 살 수 있다고!"

로일이 입구를 가로막은 큼직한 돌들을 마구 걷어내기 시작했다. 하지만 돌 하나를 치우면 두 개가 굴러 떨어지며 입구를 더욱 단단히 틀어막았다.

"로일, 그만해! 잘못하면 이 안쪽까지 무너질 수 있어!"

"흥! 네깟 녀석이 뭘 안다고 헛소리야? 따지고 보면 이 사고도 다

네 녀석 때문이잖아!"

로일이 조지의 말을 간단하게 무시하고 계속 돌을 걷어냈다.

우르르릉!

순간 갱도 전체가 흔들리기 시작했다. 흙가루가 우수수 떨어지는 천장을 핸더슨이 불안하게 올려다보았다.

"조지, 우린 결국 이렇게 파묻히게 되는 거야?"

조지가 핸더슨의 머리를 쓰다듬으며 안심시켰다.

"핸더슨, 너한테 거칠게 굴어서 미안해. 하지만 그건 내 진심이 아니었어."

"나도 알아."

"딱 한 가지만 약속할게. 너는 무사히 이곳을 나가게 될 거야. 무슨 일이 있어도 내가 그렇게 만들 거야. 비록 내 목숨을 바치게 된다 해도……."

"조지!"

핸더슨의 눈가에 다시 눈물이 고였다. 조지가 핸더슨을 조심스럽게 내려놓고, 여전히 돌을 걷어내고 있는 로일에게 덤벼들었다.

"로일, 이 자식! 멈추라고 했잖아!"

"이거 안 놔!"

조지와 로일은 바닥을 구르며 싸웠다. 조지가 로일의 얼굴을 주먹으로 강타했고, 로일은 조지의 배를 걷어찼다.

"그만! 지금 우리끼리 싸울 때가 아니야!"

리사의 부축을 받으며 일어나 앉은 핸더슨이 고함을 질렀을 때에야 두 사람은 간신히 떨어졌다.

"헉, 헉헉……!"

숨을 헐떡이며 서로를 노려보는 두 청년의 눈에는 서로에 대한 적개심이 가득했다.

"갱도 입구를 뚫어야 밖으로 나갈 거 아니야? 설마 가만히 앉아서 죽음을 기다리자는 거냐?"

"방금 말했다시피 갱도를 잘못 건드리면 이 공간이 통째로 허물어질 수 있어. 또한 바깥쪽 갱도도 이미 붕괴됐을 확률이 매우 높아."

"그럼 뭐야? 우리가 살아날 방법 따윈 없다는 거잖아!"

로일이 미친 사람처럼 제자리에서 빙글빙글 맴돌았다.

"젠장! 젠장! 젠장! 이런 너저분한 곳에는 오는 게 아니었어! 내가 이렇게 죽게 되다니! 와일램 최고의 부자이자 수재인 내가 왜 이런 최후를 맞이해야 하느냐고!"

"로일, 그만해. 핸더슨이 불안해하잖아."

"닥쳐! 너만 아니었어도 핸더슨이 다칠 일도 없었어!"

"로일!"

"왜!"

비정상적으로 눈을 번뜩이는 로일의 성난 얼굴을 물끄러미 바라보던 조지가 나직이 내뱉었다.

"어쩌면 방법이 있을지도 몰라."

"방법이 있다고? 대체 무슨 방법?"

조지가 잠시 뜸을 들였다. 로일이 참지 못하고 조지의 멱살을 붙잡았다.

"빨리 말을 해!"

타악!

조지가 로일의 손을 뿌리치고 빙글 돌아섰다. 증기기관 뒤쪽으로 걸어간 조지가 손바닥으로 벽을 쓰다듬었다. 그 상태에서 조지가 힐끗 천장을 올려다보았다.

"내가 알기론 우리 머리 위에 지금은 사용하지 않는 옛 갱도가 하나 있어. 게다가 이쪽 벽은 단단한 석회암이 아니라 진흙으로 되어 있지. 삽과 곡괭이로도 옛 갱도까지 터널을 뚫을 수 있다는 뜻이야."

"그, 그게 정말이야?"

"내가 왜 거짓말을 하겠어?"

"하하! 이젠 살았어. 하긴 내가 이렇게 죽을 리가 없지."

실실거리던 로일이 바닥에 떨어져 있던 곡괭이를 번쩍 들어올렸다.

"지금 당장 터널을 뚫자!"

"잠깐!"

벽에 곡괭이를 박으려는 로일을 조지가 말렸다.

"왜 또?"

"무조건 뚫어서는 안 돼. 각도를 제대로 맞추지 않으면 빗나가기 십상이라고."

"각도라고?"

"그래, 각도!"

로일의 입가에 비웃음이 피어올랐다.

"각도를 구하는 건 수학 중에서도 가장 어려운 분야 중 하나야. 그런 걸 네깟 녀석의 입으로 운운하다니 가소롭다."

"나도 내가 부족한 거 알아. 하지만 핸더슨이 도와주면 할 수 있을 거야. 그렇지, 핸더슨?"

조지가 돌아보자 핸더슨이 고개를 끄덕였다. 시선을 마주한 채 미소를 주고받는 조지와 핸더슨을 째려보던 로일이 이를 악물었다.

"좋아. 어디 한번 해보시지."

조지가 부러진 나무 조각을 이용해 땅바닥에 마름모를 그렸다. 그리고 마름모의 맨 위쪽과 맨 아래쪽에 각을 그리고, 위쪽 각에 60°, 아래쪽에 X°라고 적었다.

"이 탄광은 60° 정도의 기울기로 파였다고 들었어. 그리고 현재 우리의 위치는 여기, X지점이야. 그러니까 이 X지점에서부터 마름모의 왼쪽 변에 이르는 각도를 구한다면 내가 말한 옛 갱도까지 다다를 수 있는 각도가 나올 거야."

"으음!"

턱을 매만지며 심각한 표정으로 마름모를 들여다보던 로일이 고개를 가로저었다.

"이런 식으로 X의 각도를 구하는 건 불가능해. 적어도 한쪽 각의 각도를 더 알고 있어야 한다고."

"정말 그럴까?"

고개를 갸웃하는 조지를 향해 로일이 콧방귀를 날렸다.

"내가 이래봬도 수학 천재라는 소리를 듣는 사람이야. 내가 구할 수 없다면 구할 수 없는 거야, 멍청아!"

"핸더슨의 생각은 어때?"

핸더슨도 난감한 표정을 지었다.

"로일의 말이 맞아. 이 상태로 X지점의 각도를 구하기는 힘들어."

"……역시 어려운 건가?"

"내가 뭐랬어? 이젠 무작정 벽을 뚫어보는 수밖에!"

퍽! 퍽! 퍼억!

로일이 곡괭이를 마구 휘둘렀다. 로일이 그러거나 말거나 턱을 매만지며 뚫어져라 땅바닥만 들여다보던 조지가 갑자기 눈을 부릅떴다.

"……이렇게 한번 해보면 어떨까?"

"어떻게?"

"마름모 주변에 원을 그려보는 거야."

조지가 마름모를 완전히 감싸는 원을 그렸다. 그리고 핸더슨을 향해 물었다.

"이렇게 하면 로일이 말한 대로 360°라는 또 하나의 각도를 얻게 되는 셈 아닌가?"

"아아, 정말 그렇구나!"

흥분한 핸더슨이 상체를 바로 세웠다. 조지의 손에서 나무 조각을 낚아챈 그녀가 바닥에 수식을 적기 시작했다.

"360°에서 60°를 빼면 300°! X지점의 각도는 마름모 부분을 제외한 호에 대한 원주각이므로 중심각 크기의 절반에 해당하겠지."

조지가 핸더슨에 이어 뭔가 깨달은 듯 중얼거렸다.

"따라서 X지점의 각도는 150°! 결국 이것을 반으로 나눈 75°의 각도로 터널을 뚫으면 된다는 뜻이네?"

"바로 그거야. 조지 너, 그동안 수학 실력이 엄청 늘었구나."

"네가 잘 가르쳐준 덕분이지."

"조지, 넌 정말 좋은 친구야."

"그건 너도 마찬가지야."

조지와 핸더슨이 애정 어린 미소를 주고받았다. 두 사람은 이제야 서로의 진심을 확인한 듯했다. 하지만 상황이 너무 좋지 않았다. 이곳에서 빠져나가지 못한다면 두 사람을 위한 미래 따윈 존재하지 않는 것이다. 조지가 삽자루를 움켜쥐며 몸을 일으켰다.

"자, 그럼 탈출로를 뚫어보도록 할까?"

퍼어억!

조지가 벽을 향해 삽을 박으며 바로 옆에서 곡괭이질을 하는 로일에게 외쳤다.

"로일! 그쪽이 아니라 이쪽을 뚫어야 해!"

"흥! 네 녀석의 엉터리 계산을 어떻게 믿어?"

"나 혼자 계산한 게 아니잖아. 설마 핸더슨도 못 믿겠다는 거야?"

"……."

핸더슨을 돌아보며 망설이던 로일이 이내 조지 옆으로 다가와 벽을 파헤치기 시작했다.

"핸더슨을 믿고 한번만 속아주지! 하지만 터널을 뚫지 못하면 그땐 정말 그냥 안 둘 줄 알아!"

"알았으니까 파기나 해!"

퍽! 퍽! 퍽! 퍽!

삽과 곡괭이를 이용해 열심히 흙을 파헤치는 조지와 로일을 핸더슨과 리사가 희망 섞인 눈으로 바라보았다.

"제발 성공해야 할 텐데……."

"조지는 의지가 강한 아이야. 반드시 해낼 테니까 걱정하지 마. 콜록콜록……!"

핸더슨이 가쁜 기침을 하자 리사는 흠칫 놀라 그녀를 보았다. 안 그래도 하얀 얼굴이 어느새 핏기 한 점 없이 창백하게 변해 있었다. 리사가 핸더슨을 꼭 안으며 중얼거렸다.

"조금만 더 서둘러, 조지."

한편 바깥에선 로버트가 현장소장과 한창 입씨름을 벌이는 중이었다.

"소장님! 빨리 구조대를 내려보내야 합니다! 조지가 갱도 안에 갇혀 있단 말입니다!"

"진정하게, 로버트. 우리도 최선을 다하고 있네."

"구조대도 내려보내지 않으면서 무슨 최선을 다한다는 겁니까?"

"끄응……!"

소장이 답답한 듯 부상당한 광부들이 줄지어 들것에 실려 나오는 탄광 입구를 돌아보았다.

"저길 좀 보게. 탄광의 중간층이 무너지면서 많은 광부들이 죽거나 다쳤어. 그 아래층에 있었던 광부들은 모두 희생당했다고 밖에는 생각할 수가 없네. 오죽하면 사장님의 아들이 갇혀 있는데도 손을 놓고 있겠나."

"그 입 닥쳐!"

로버트가 소장의 멱살을 와락 움켜쥐고 거칠게 흔들었다.

"당신이 구하지 않겠다면 내가 구할 거야! 내 아들은 내가 직접 구할 거라고!"

"켁켁! 로, 로버트, 제발 이것 좀 놓고……."

"에잇!"

씩씩대던 로버트가 소장을 세게 밀치고는 곡괭이를 주워들었다. 그가 비장한 얼굴로 검은 연기가 뭉클뭉클 피어오르는 탄광 입구를 향해 달려갔다.

"아들아, 조금만 참아라. 아빠가 구하러 간다."

"헉, 허억……!"

"후악후악……!"

조지와 로일은 땀을 뚝뚝 흘리며 터널을 뚫고 있었다. 정확한 시간은 알 수 없었지만 탄광이 무너지고 족히 하루는 지난 것 같았다. 그토록 긴 시간 동안 쉬지 않고 흙을 파냈지만 조지가 말한 옛 갱도는 나타나지 않았다. 탈진한 로일이 결국 곡괭이를 팽개쳤다.

"저런 멍청이의 말을 믿은 내가 바보였어! 애초에 각도를 잘못 계산한 게 분명해!"

"헉헉! 로일, 곡괭이를 다시 잡아."

"싫어."

"잡으라면 잡아!"

"싫다고 했잖아! 네가 뭔데 나한테 명령이야!"

"끄으으……!"

로일의 분노에 조지는 간신히 화를 참았다.

"너는 뭔가 느끼는 것도 없어? 우리한텐 시간이 별로 없단 말이야."

"그건 또 무슨 소리야?"

"갱도 안의 공기가 조금씩 희박해지고 있어."

"거, 거짓말……!"

"아까부터 졸음이 쏟아지지 않았어?"

"!"

"산소가 부족해지고 있다는 증거야. 이대로 몇 시간만 더 지나면 우린 삽을 들 힘조차 없을 거야. 그러니까 지금 서둘러야만 해."

끔찍한 위기 133

"……!"

하얗게 질린 로일이 무너진 갱도 입구를 향해 네 발로 기어갔다. 그리고 정신없이 돌을 걷어내기 시작했다.

"차라리 이쪽을 뚫는 게 빠르겠어! 공기라도 통하게 만들어야 구조대가 올 때까지 버티지!"

"입구의 돌을 함부로 치우면 이 공간 전체가 무너질 수 있다니까!"

"상관없어! 숨이 막혀 죽으나, 갱도가 무너져 죽으나 피장파장이야!"

"저런 고집불통 같으니……!"

로일을 제지할까 망설이던 조지는 포기하고 돌아서서 다시 터널을 뚫는 데 집중했다. 로일과 옥신각신하며 낭비할 시간이 없었다. 실은 조지도 내심 불안한 상태였다.

'만약 내 계산이 잘못되었다면…… 그래서 엉뚱한 방향으로 터널을 뚫고 있는 거라면……?'

두 번의 기회는 없을 거라고 생각하며 조지는 어금니에 힘을 주었다. 자신이 빠져나가지 못하는 것은 어쩔 수 없다고 생각했다. 하지만 핸더슨만은 어떻게든 살리고 싶었다. 그녀가 어두운 갱도에서 이대로 생을 마감하게 되는 것이야말로 조지가 상상할 수 있는 최악 중의 최악이었다.

퍼어억!

"제발 좀 뚫려라!"

조지가 눈앞의 벽에 힘차게 삽을 박았다.

"로버트, 안 돼! 더 이상 내려가는 건 자살행위야!"

사다리를 타고 아래쪽으로 내려가려는 로버트를 최고참 광부 조나단 영감과 몇몇 광부들이 가로막았다.

"조나단 아저씨, 저 밑에 조지가 있어요! 가서 구해야 합니다!"

"저 아래쪽은 완전히 붕괴됐어! 내려가면 자네도 다시는 땅을 밟을 수 없게 돼!"

"그래도 가야 한다고요! 으흐흑! 조지!"

그 자리에 털썩 주저앉아 눈물을 터뜨리는 로버트를 조나단과 광부들이 안타깝게 쳐다보았다. 조나단이 혼잣말처럼 중얼거린 것은 그때였다.

"조지가 그 옛 갱도를 뚫을 수만 있다면……!"

"옛 갱도라니요?"

눈을 동그랗게 뜨는 로버트를 향해 조나단이 설명했다.

"자네도 기억할 거야. 이 탄광을 처음 만들 때부터 사용했던 좁은 통로 말이야. 지금은 널찍한 새 갱도가 뚫려서 전혀 사용하고 있지 않지만."

"그곳이에요."

"뭐?"

"조지도 그 갱도를 알고 있어요. 그러니까 그곳을 뚫으면 조지를 구할 수 있다고요. 고마워요, 조나단 아저씨!"

로버트가 실성한 사람처럼 웃으며 다른 입구로 뛰어들었다. 조나단과 광부들이 그런 조지를 헐레벌떡 뒤쫓았다.

"이봐, 로버트! 같이 가세!"

"허억, 헉! 허억……!"

고요한 갱도 안에 거친 숨소리만 가득했다. 리사는 핸더슨을 부축한 채 숨을 몰아쉬었고, 로일은 무너진 갱도 입구에 드러누운 채 헐떡였다. 오직 조지만이 제법 깊이 파 들어간 터널 안쪽에서 계속 흙을 퍼내고 있었다.

로일이 이제 터널 안쪽으로 사라진 조지를 향해 소리쳤다.

"조지, 그만 포기해! 다 끝났어! 우린 결국 이곳에서 죽게 될 거야!"

"……"

"너란 녀석은 광부니까 여기서 죽는 게 당연하겠지? 하지만 나와 핸더슨은 달라. 우린 절대로 이런 곳에서 생을 마감할 사람들이 아니라고! 그런데 어째서? 대체 어째서? 으흐흐흑!"

대성통곡하는 로일을 실망한 눈으로 보던 핸더슨이 힘겹게 말했다.

"로일, 그만해."

"아빠, 저 좀 살려주세요! 엉엉엉!"

"로일, 너 때문에 불안해 죽겠어. 그러니 제발……."

"하나님, 이제부턴 하루도 빼먹지 않고 교회에 나갈게요! 그러니까 이 더러운 곳에서 저 좀 꺼내주세요!"

핸더슨이 아무리 말려도 패닉 상태의 로일을 진정시킬 수는 없었다. 핸더슨도 더 이상 로일을 말리지 않았다. 호흡이 너무 가빠져서 숨조차 쉬기 힘들어졌다. 시야가 흐려지자 핸더슨은 마지막을 직감했다. 핸더슨이 조지가 뚫고 있는 터널을 향해 떨리는 손을 내뻗었다.

"조지, 널 만난 건 내 인생의 가장 큰 행복……."

투욱!

핸더슨이 손을 힘없이 떨어뜨리자, 리사는 깜짝 놀랐다.

"핸더슨! 핸더슨! 잠들면 안 돼!"

핸더슨의 몸을 거칠게 흔들던 리사가 터널을 향해 소리를 질렀다.

"조지! 핸더슨이 숨을 쉬지 않아! 빨리 와서 어떻게 좀 해봐!"

터널에서 뛰어나온 조지가 핸더슨 옆에 털썩 무릎을 꿇었다. 그리고 핸더슨의 뺨을 사정없이 때렸다.

찰싹! 찰싹! 찰싹!

"잠들면 안 돼, 핸더슨! 일어나! 일어나란 말이야!"

"으응, 조지?"

간신히 눈을 뜬 핸더슨의 손을 조지가 와락 움켜잡았다. 조지의 눈에 어느새 눈물이 가득했다.

"핸더슨, 나를 봐. 내 얼굴을 봐."

"으응, 보고 있어."

"너한테 고백할 게 있어."

"……."

"나는 너를…… 진심으로 사랑하고 있어."

"오, 조지! 나도 그래……."

힘겹게 미소 짓는 핸더슨의 얼굴을 내려다보는 조지의 눈에서 기어이 눈물이 떨어졌다. 조지의 턱 밑으로 흐른 눈물이 핸더슨의 이마로 떨어졌다.

"조지, 울지 마…… 제발 울지 마……."

"내, 내 말 잘 들어, 핸더슨. 너는 반드시 이곳에서 나가게 될 거야. 내 목숨을 바쳐서라도 그렇게 해줄게. 그걸로 부족하면 악마에게 내 영혼을 팔아서라도…… 내가 꼭 그렇게 만들 거야. 그러니까 절대 포기하지 마. 알았지, 핸더슨?"

"으응…… 포기하지 않을게."

고개를 끄덕이는 핸더슨의 눈에서도 눈물이 흘렀다. 조지가 리사에게 핸더슨을 맡기고 벌떡 일어섰다. 그리고 다시 터널 안으로 뛰어들었다.

"허억허억……!"

숨은 점점 가빠오고 의식이 가물가물해졌다. 삽을 든 손이 부들부들 떨리자 조지는 피가 나도록 입술을 깨물었다.

'신이시여, 저는 어떻게 되도 상관없으니 핸더슨만은……. 그녀만은 반드시……!'

조지는 마지막 힘을 다해 삽을 쳐들었다.

"으아아! 제발 좀 뚫려라!"

퍼어억!

조지가 삽을 깊숙이 처박는 순간, 기적이 일어났다.

와그르르!

"조지, 너냐?!"

벽이 허물어지며 반대편에서 땅을 파고 있던 로버트와 조나단을 비롯한 광부들의 모습이 나타났다.

"아빠가 와줄 줄 알았……."

터어억!

힘없이 쓰러지는 조지를 로버트가 재빨리 부축했다.

"조지, 안심해라! 이제 살았다! 이젠 살았어!"

7
거듭되는 실패

뎅~ 뎅~ 뎅~ 뎅~

탄광 사고가 있고 나서 한 달 후, 와일램의 성당에서 조지와 핸더슨의 결혼식이 거행되었다. 죽음 직전의 상황에서 조지와 자신의 마음을 확인한 핸더슨은 이번만은 부모님의 반대조차 물리쳤다.

"네가 기어이 광부와 결혼하겠다면 우리도 더 이상 너를 딸로 생각하지 않겠다!"

"죄송해요, 엄마. 뭐라고 하셔도 저는 조지와 결혼할 수밖에 없어요."

"내 눈앞에서 썩 사라져!"

수많은 광부들이 성당을 가득 메운 채 사지에서 살아 돌아온 영웅의 결혼을 축하했다. 리사도 대낮부터 술에 취한 조나단 옆에 앉아 가난하지만 아름다운 신랑과 신부의 앞길을 축복했다.

'조지! 이것으로 첫 번째 꿈은 이루었으니, 증기기관차를 만들겠다는 두 번째 꿈도 이루기를 바래.'

기도를 마친 신부님이 조지와 핸더슨을 향해 빙그레 웃었다.

"신랑과 신부는 서로에게 키스하세요."

얼굴이 딸기처럼 빨개진 조지와 핸더슨이 서로의 얼굴을 마주보았다. 조지가 선뜻 키스하지 못하자 하객들의 야유가 쏟아졌다.

"우우! 조지, 실망이다!"

"그래서야 핸더슨을 행복하게 해줄 수 있겠냐?"

"자신 없으면 포기하고 내려오는 게 어때?"

야유에 자극을 받은 듯 조지가 핸더슨의 허리를 한쪽 팔로 감아 확 끌어당겼다. 그리고 사랑하는 여자의 입술에 뜨겁게 키스했다.

"와아아! 조지, 멋지다!"

"신랑신부 모두 영원히 행복하길!"

광부들의 요란한 박수소리와 환호성 속에서 떠들썩한 결혼식이 마무리되었다.

조지와 핸더슨은 탄광에서 멀지 않은 곳에 지어진 아담한 목조주택에서 신혼살림을 시작했다. 두 사람의 배려 덕분에 리사도 함께 살게 되었다. 결혼하자마자 조지는 어려서부터 다니던 탄광을 그만두고, 새로운 탄광으로 옮겼다.

"조지 녀석이 우리 탄광에서 일하는 꼴은 죽어도 못 봐!"

공사도 구분 못 하는 로일이 방방 뛰며 기어이 조지를 쫓아낸 것이다. 하지만 복잡한 증기기관을 손바닥처럼 들여다보는 성실한 기술자 조지에 대한 평판은 나쁘지 않아서 어렵지 않게 새 일자리를 구할 수 있었다.

결혼 후, 조지는 더욱 바쁜 나날을 보냈다.

탄광 일도 바빴지만 그가 더 많은 시간을 보내는 곳은 집 앞마당에 지은 작은 창고였다. 그 안에서 조지는 낡은 증기기관을 구해와 시도 때도 없이 분해하고 조립하기를 반복했다. 하지만 증기기관차를 만든다는 것은 말처럼 쉬운 작업이 아니었다. 일단 전문지식이 부족한 것이 가장 큰 문제였다. 핸더슨 덕분에 글을 익히고, 수학을 배웠지만 전문서적을 읽고 연구하기에는 한참 모자랐다.

그래서 조지는 퇴근하고 집으로 돌아오면 핸더슨에게 과외를 받았다. 핸더슨은 착한 아내이자 좋은 선생님이었다. 그녀는 조지를 위해 최선을 다해 고등 수학을 가르쳐주었다. 그리고 조지의 실력이 점점 높아지자, 스스로 공부해서 지식에 대한 조지의 욕구를 풀어주려고 노력했다.

"으하암."

어느 날 밤늦게 잠에서 깬 리사는 화장실에 가려고 거실을 가로지르다 우뚝 멈춰 섰다. 식탁에 불을 밝히고 앉아 뭔가를 열심히 보고 있는 핸더슨을 발견했기 때문이다. 리사가 어리둥절한 얼굴로 그녀를 향해 다가갔다.

"핸더슨, 뭐하는 거야?"

"응, 리사 깼구나? 고등 수학문제를 풀고 있어."

"핸더슨이 왜 수학문제를 풀어?"

"오늘 조지를 가르치다 보니까 내가 모르는 문제가 있더라고. 나도 이제 공부를 하지 않으면 더 이상 가르칠 수 없을 정도로 조지의 실력이 늘었다는 뜻이지."

"핸더슨도 참 대단해. 아앗, 그런데 너 지금 코피 나잖아!"

"이, 이런!"

핸더슨이 재빨리 고개를 들었다. 하지만 수학책에는 이미 핏방울이 군데군데 떨어진 후였다. 리사가 휴지로 핸더슨의 코를 막아주었다.

"다 좋은데 제발 잠은 좀 자면서 하도록 해. 몸도 약한데 무리하다가 병이라도 생길까봐 걱정이야."

"난 튼튼하니까 걱정할 필요 없어."

"후우우. 하여간 넌 조지를 위해서라면 불 속이라도 뛰어들 여자라니까."

"어차피 조지가 구해준 목숨이잖아."

"……!"

"탄광에 갇혔을 때, 조지가 구해주지 않았다면 난 지금 이렇게 살아 숨쉬지도 못했을 거야. 그러니까 조지의 꿈을 위해서라면 무엇이든 해주고 싶어. 그것이 조지의 변함없는 사랑에 대한 작은 보답이라고 나는 생각해."

"너희들, 은근 닭살부부라는 거 혹시 알아?"

"닭살부부? 그게 뭔데?"

"그런 게 있어. 너무너무 사이가 좋아서 옆에서 지켜보는 사람들의 짜증을 유발시키는 사람들이."

"그렇다면 우린 닭살부부가 맞아. 호호호!"

핸더슨의 정성스런 내조에도 불구하고 조지의 연구는 성과를 거두지 못했다. 그는 하루도 거르지 않고 매일매일 연구에 매달렸지만 증기기관차는 실패에 실패를 거듭했다.

"이 크랭크축과 플라이휠이 돌아가면서 바퀴도 자연스럽게 돌아가야 해. 바퀴를 돌릴 정도의 힘을 발휘하려면 지금보다 몇 배 높은 압력이 필요하지. 그런데 증기기관의 압력을 더 이상 높이면 폭발의 위험성이 있거든."

어느 가을날 저녁, 조지는 창고 안에서 반쯤 완성된 증기기관차를 답답한 듯 바라보고 있었다. 핸더슨과 리사가 조지를 위로했다.

"조지, 너무 무리하지는 마."

"천천히 하다 보면 언젠간 성공할 거야."

조지가 고개를 흔들었다.

"그렇지 않아. 나는 증기기관차를 만드느라 월급의 대부분을 쏟아부었어. 게다가 이곳저곳에 빚까지 잔뜩 쌓였지. 올 겨울이 되기 전에 성공하지 못하면 우린 파산할지도 몰라."

"으음……."

파산이란 말이 나오자 핸더슨의 표정도 어두워졌다. 조지가 핸더슨을 보며 결심한 듯이 말했다.

"오늘 밤엔 압력을 한계치까지 높여보자. 바퀴가 정말로 돌아가는지만 확인하고 재빨리 압력을 낮추면 큰 문제없을 거야."

"정말 괜찮을까?"

"괜찮고말고. 미안하지만 오늘은 두 사람도 좀 도와주지 않겠어?"

"아, 알았어."

그때부터 핸더슨과 리사는 조지를 도와 증기기관 연료실에 석탄을 집어넣기 시작했다.

통- 통- 통- 통-!

배기구에서 수증기가 자욱하게 뿜어나오며 증기기관이 힘차게 작동하기 시작했다. 그에 맞춰 플라이휠과 크랭크축도 빠르게 회전했다. 하지만 그와 연결된 바퀴는 여전히 꿈쩍도 하지 않았다. 바퀴를 살피던 조지가 이미 땀투성이로 변한 핸더슨과 리사를 향해 외쳤다.

"석탄을 더 넣어! 아직도 압력이 부족한 거 같아!"

"조지, 정말 괜찮겠어? 증기기관이 아까부터 심하게 떨리고 있다고!"

"아직은 괜찮아! 나만 믿고 석탄을 넣어!"

핸더슨과 리사는 조지의 말에 따라 더욱 빠르게 석탄을 연료실에 퍼 넣었다. 시뻘건 불길이 연료실 바깥쪽까지 세차게 타올랐다. 증기기관이 점점 더 많은 수증기를 내뿜으며 당장이라도 터져버릴 듯

요동쳤다.

기쁨에 들뜬 조지가 크게 외쳤다.

"방금 바퀴가 살짝 움직였어! 핸더슨, 조금만 더 힘을 내!"

"알았어, 조지!"

쿠쿠쿵!

증기기관 전체가 요동친 것은 그때였다. 배기구뿐 아니라 증기기관의 사방에서 뜨거운 수증기가 새어나왔다.

치이이이익—!

핸더슨과 리사가 겁을 집어먹고 주춤 물러섰다.

"이, 이거 정말 괜찮은 거야?"

"당장 밖으로 피해!"

조지가 빽 소리치며 핸더슨의 손을 잡고 입구를 향해 뛰었다. 리사도 두 사람을 쫓아 헐레벌떡 달아났다.

콰아앙!

세 사람이 밖으로 나오자마자 큰 폭발음과 함께 창고 전체가 화염에 휩싸였다. 셋은 땅바닥에 주저앉은 채 하늘에 닿을 듯 치솟은 거대한 불기둥을 멍하니 올려다보았다.

"아아…… 난 이제 파산이야……!"

조지가 두 손으로 머리를 감쌌다.

다음 날, 실의에 빠진 조지를 다독여 출근시키고 난 후 핸더슨은

식탁 앞에 멍하니 앉아 있었다. 리사는 찻잔 두 개를 들고 핸더슨과 마주앉았다. 리사가 핸더슨의 앞에 찻잔을 놓았다.

"밀크티야, 마셔. 마음을 조금 진정시켜줄 거야."

"고마워. 그런데 내가 속상해 하고 있다는 걸 어떻게 알았어?"

"조지의 실패는 곧 핸더슨의 실패잖아. 당연히 핸더슨도 조지만큼 힘이 들겠지."

핸더슨이 씁쓸히 미소 지으며 고개를 끄덕였다.

"맞아. 인정하고 싶진 않지만 주저앉고 싶을 만큼 힘드네."

"그래도 기운을 내야지."

"그래, 어떻게든 기운을 내야 하는데……."

핸더슨이 힘없이 중얼거리며 고개를 떨어뜨렸다. 좁은 창을 통해 들어온 빛살이 핸더슨의 얼굴을 비추었다. 늘 새로 피어난 꽃처럼 싱싱하던 그녀의 얼굴이 오늘만은 그 빛을 잃은 것처럼 보였다.

"우리 엄마는 엄격하신 분이었어."

"……."

"내가 아주 어렸을 때부터 작은 실수조차 용납하지 않으셨지. 하루는 내가 주일에 교회에 가면서 허리에 하얀 리본을 두르는 걸 깜빡했지 뭐야. 교회에 도착해서야 그 사실을 알아차린 엄마는 정말 불같이 화를 내셨지. 교회에 앉아 있는 동안 내게 단 한 번도 눈길을 주지 않을 정도였어."

"고작 그깟 리본 하나 때문에?"

"응, 고작 그깟 리본 때문에! 집에 돌아오자마자 엄마는 나를 창고에 가뒀어. 어두컴컴한 창고에선 당장이라도 유령이 튀어나올 것만 같았지. 나는 문을 두드리며 울었어. 하지만 엄마는 절대 문을 열어주지 않았어. 밤이 돼서야 완전히 탈진한 나를 꺼내주며 엄마는 이렇게 말했어."

"뭐, 뭐라고?"

"핸더슨, 잘 들어라. 나는 너를 사랑하는 만큼 네가 완벽해지길 바란다. 네가 조금이라도 만족스럽지 못한 모습을 보이면 나는 견딜 수가 없게 되어 버린단다."

"아아……!"

"어때, 정말 무서운 얘기지? 이런 내가 광부인 조지와 결혼하겠다고 했을 때 우리 엄마가 어떤 반응을 보였을 것 같아? 엄마는 다시는 나를 보지 않겠다며 절연을 선언했어. 나 또한 엄마를 다시 보지 않겠다고 결심했기에 조지의 아내가 될 수 있었지."

"그, 그런 일이 있었구나……!"

"그래서 이렇게 힘이 든 거야. 엄마를 다시 만나러 가는 게."

"엄마를 다시 만난다고?"

눈을 동그랗게 뜬 리사의 얼굴을 보며 핸더슨이 창백한 얼굴로 고개를 끄덕였다.

"응! 조지가 다시 일어설 수 있으려면 그 방법밖엔 없으니까."

"후우우!"

핸더슨과 함께 그녀의 옛 집에 도착한 리사는 저도 모르게 한숨을 몰아쉬었다. 긴장감 때문에 심장이 튀어나올 듯 두근거렸다.

'내가 이 정도인데 핸더슨은 오죽할까?'

리사는 새삼 측은한 생각이 들어 핸더슨을 돌아보았다. 커다란 저택을 올려다보던 핸더슨이 결심을 굳힌 듯 이를 꽉 깨물었다.

"난 어차피 조지를 위해 모든 걸 바치기로 맹세한 몸이야. 욕 몇 마디 듣는 걸 무서워하진 않겠어."

"하지만 핸더슨……."

쾅! 쾅! 쾅!

리사가 말리기도 전에 핸더슨이 사자의 코에 걸린 문고리를 세차게 두드렸다.

끼이이이!

쇳소리와 함께 문이 열리며 예전보다 훨씬 늙어버린 집사가 모습을 드러냈다. 문 앞에 선 핸더슨을 발견한 집사의 눈이 휘둥그레졌다.

"핸더슨 아가씨?"

"그동안 잘 지냈어요?"

"물론입죠! 아가씨야말로 잘 지내셨습니까?"

반가운 마음에 집사가 핸더슨의 손을 와락 잡았다. 고개를 끄덕이던 핸더슨이 목소리를 낮추었다.

"엄마는…… 어떻게 지내고 계신가요?"

"후우우……!"

집사가 한숨을 몰아쉬었다.

"마님을 만나러 오셨다면 그냥 돌아가시는 게 좋을 겁니다. 아가씨가 조지 그 녀석과…… 아니, 그분과 결혼한 후에는 단 한 번도 아가씨에 대한 얘기를 입 밖으로 꺼내신 적이 없습니다."

"역시 그렇구나."

씁쓸하게 미소 짓던 핸더슨이 고개를 번쩍 쳐들었다.

"그래도 엄마를 만나야겠어요. 안내해주세요."

"정말 괜찮으시겠습니까? 불호령이 떨어질 텐데요?"

"각오하고 오는 길이에요."

"정 그렇다면 따라오십시오."

고개를 설레설레 흔들며 돌아서는 집사를 따라 핸더슨과 리사가 집안으로 들어갔다.

"네가 어떻게 여길……?"

고풍스럽게 꾸며진 방안에서 우아하게 차를 마시던 부인이 핸더슨을 발견하고 눈을 치켜떴다. 그녀의 눈동자에 순간적으로 반가움이 스쳤다. 하지만 그것은 매우 짧은 찰나였다. 그녀의 눈은 곧 얼음장처럼 싸늘하게 변했다.

"다시는 이 집에 발을 들여놓지 말라고 말했을 텐데?"

"죄송해요, 엄마. 하지만 꼭 부탁드릴 일이 있어서 왔어요."

"부탁이라니?"

"……."

차마 말을 꺼내지 못하는 딸의 얼굴을 쏘아보던 부인이 기가 막힌 듯이 물었다.

"설마 돈을 구하러 온 거니?"

"네."

"정말 뻔뻔하구나. 나는 너를 그렇게 키운 적이 없으니 아마도 조지 그놈이 너를 이렇게 만들었겠지. 그러게 내가 뭐라고 했니? 그런 형편없는 녀석과 결혼하면 인생을 망치게 될 거라고……."

"분명히 말씀드리지만!"

"!"

"저는 지금 충분히 행복해요. 다만, 증기기관차를 개발하고 있는 조지가 연구를 계속할 수 있는 돈이 필요할 뿐이에요. 조지의 연구가 성공하면 몇 배로 갚을게요. 그러니 이번 한 번만 도와주세요."

"이이……"

이를 갈아붙이며 핸더슨을 노려보던 부인이 발작적으로 외쳤다.

"집사! 집사!"

"예, 마님!"

부인이 부들부들 떨리는 손가락으로 핸더슨을 가리켰다.

"저 아이를 당장 쫓아내!"

"네?"

"뭘 하고 있어? 어서 쫓아내지 않고!"

"아, 알겠습니다. 아가씨, 이리 나오시죠."

집사가 팔을 잡아끌었지만 핸더슨은 그 자리에 털썩 무릎을 꿇었다.

"엄마, 한 번만 도와주세요! 조지는 재능이 있어요! 이번에 도와주면 반드시 모든 사람에게 도움이 될 만한 일을 해낼 거라고요!"

"나가! 당장 나가!"

"엄마!"

"집사, 뭐하고 있어?"

한바탕 소동을 벌이는 모녀를 지켜보며 리사는 전전긍긍했다. 남의 가족 일에 함부로 끼어들 수도 없었고, 그렇다고 모른 척하기도 힘들었기 때문이다. 그 사이 기어이 사고가 터지고 말았다. 집사에게 질질 끌려 나가던 핸더슨이 코피를 왈칵 터뜨린 것이다.

"꺄아악!"

"아, 아가씨! 괜찮으십니까?"

그제야 리사도 집사를 뿌리치고 핸더슨을 부축했다.

"핸더슨, 너 괜찮니? 또 코피가 나잖아!"

"아, 아니야. 그냥 코피일 뿐이야."

하지만 핸더슨의 말대로 그건 가벼운 일이 아니었다. 블라우스를 완전히 적실 정도로 콸콸 쏟아지는 피는 그냥 코피라고 부를 만한 수준이 아니었던 것이다. 리사가 손수건으로 핸더슨의 코를 틀어막았지만 피는 그칠 생각을 하지 않았다. 그제야 부인도 걱정이 됐는

지 핸더슨의 옆으로 다가와 창백한 얼굴을 들여다보았다.

"얘가 왜 이러지? 집사, 어서 의사를 불러!"

"알겠습니다!"

그날 저녁까지 핸더슨은 깨어나지 못했다. 그녀는 예전에 자신이 지내던 방의 침대에 잠들어 있었다. 왕진을 온 의사가 핸더슨의 상태를 꼼꼼히 살폈다.

"따님께선 홑몸이 아니십니다."

"홑몸이 아니라면……?"

"임신을 하셨다는 말입니다."

"그, 그럴 수가……?"

눈을 부릅뜬 부인이 리사를 휙 돌아보았다.

"조지는 이 사실을 알고 있었니?"

"아, 아뇨. 아마 몰랐을 거예요."

기가 막힌 표정의 부인이 의사에게 물었다.

"그럼 코피는 왜 흘린 건가요? 아주 엄청난 양이었어요."

"따님은 현재 매우 허약한 상태입니다. 아이를 무사히 낳을 수 있을지 걱정이 되는군요."

의사의 말이 끝나자마자 부인이 분통을 터뜨렸다.

"이게 다 조지 때문이야! 그놈이 우리 딸을 망쳐 놓았다고!"

"그, 그게 무슨 말입니까?"

부인과 리사가 고개를 휙 돌렸다. 방문 앞에 조지가 숨을 헐떡이며 서 있었다. 비틀거리며 침대로 다가온 조지가 핸더슨 옆에 털썩 무릎을 꿇었다. 아내의 손을 와락 잡으며 그가 울먹였다.

"핸더슨이 아이를 가졌다고요? 그런 줄도 모르고 나만 힘들다고 투정을 부렸으니……."

부인이 경멸 가득한 눈으로 조지를 쏘아보았다.

"다행히 무슨 잘못을 했는지는 아는 모양이군. 네놈 때문에 내 딸은 현재 아이를 낳기 힘들 정도로 허약해졌어! 쓸데없는 연구 따윈 집어치우고 이제부터라도 내 딸을 위해 열심히 살아야 할 걸세!"

"네, 네! 반드시 그러겠습니다."

조지의 굵은 눈물방울이 핸더슨의 이마를 적셨다.

쾅! 쾅! 쾅!

며칠 후 아침, 핸더슨은 요란한 망치질 소리에 잠에서 깼다. 창밖을 보니 아직 이른 새벽이었다. 핸더슨이 가디건을 걸치며 현관문을 열고 나갔다.

"조지, 지금 뭐하는 거야?"

폭발 사고 이후 뼈대만 남아 있던 창고를 부수고 있는 조지를 발견한 핸더슨의 눈이 휘둥그레졌다. 조지가 망치질을 계속하며 대답했다.

"이제 이 창고는 사용할 일이 없을 거야."

"왜? 혹시 다른 곳에 연구실을 만들었어?"

"아니, 이젠 연구 자체를 그만둘 생각이거든."

"뭐라고?"

핸더슨이 남편을 향해 빠르게 걸어갔다. 그리고 그의 손에서 망치를 빼앗았다.

"이리 내!"

"왜 그러는 거야?"

의아한 표정으로 일어서는 조지를 향해 핸더슨이 따졌다.

"왜 연구를 그만두겠다는 건데? 증기기관차 발명이야말로 당신의 오랜 꿈이었잖아."

"……."

"얼렁뚱땅 넘어갈 생각 말고 똑바로 말해!"

조지가 흥분한 핸더슨의 어깨에 손을 얹으며 빙긋 웃었다.

"흥분하지 마. 아기한테 좋지 않아."

"당신, 혹시……?"

"그래, 우리한텐 곧 아기가 생겨. 건강이 좋지 않은 당신을 혹사시켜서도 안 되고, 태어날 아기를 위해 좀 더 좋은 집도 얻어야 해. 이젠 나도 정신을 차리지 않으면 안 된다는 뜻이지."

"하아!"

기가 막힌 듯 실소한 핸더슨이 정색했다.

"조지, 지금부터 내가 하는 말 똑바로 들어."

"무섭게 왜 그래?"

"나는 당신을 진심으로 사랑해."

"나도 당신을 사랑해."

"나는 또한 당신의 꿈도 사랑하고 있어."

"……."

"왜냐하면 당신이 그 꿈을 바라보며 여기까지 달려왔다는 걸 누구보다 잘 알고 있으니까. 만약 꿈을 포기한다면 당신은 절대로 행복해질 수 없어. 그러니까 절대로 포기하면 안 돼. 당신이 나 때문에 소중한 꿈을 포기한다면 나는 견딜 수 없을 거야."

"……."

한동안 조지는 입을 굳게 다물고 핸더슨의 눈을 들여다보았다.

"벌써 수년째 최선을 다했어. 그래도 안 되면 영원히 안 되는 거야. 당신 때문이 아니야. 내가 너무 지쳐서 그래. 그러니까 당신도 내 뜻을 존중해줘."

"조지!"

"그만 출근할게."

"조지, 가지 마! 아직 할 말이…… 아악!"

조지를 쫓아가던 핸더슨이 힘없이 주저앉았다. 다시 코피가 뚝뚝 떨어졌다. 헐레벌떡 돌아온 조지가 아내를 부축하며 중얼거렸다.

"이래서 포기하겠다는 거야. 나한테는 꿈보다도 당신과 아기가 더 소중해!"

8
당신의 꿈이 달리고 있다오!

그날 저녁 늦게야 조지는 집으로 돌아왔다. 온종일 말썽을 일으킨 탄광의 증기기관을 수리하느라 그는 녹초가 되어 있었다.

"빨리 씻고 쉬어야겠어."

현관으로 들어선 조지가 멈칫했다. 집안의 광경에 그는 눈을 부릅 떴다.

"핸더슨, 대체 뭐하고 있는 거야?"

좁은 거실 안에는 칠판을 세워두고 그 앞에 선 핸더슨이 있었다. 한동안 조지의 얼굴을 물끄러미 바라보던 핸더슨이 지시봉으로 앞에 놓인 의자를 가리켰다.

"야학에 왔으면 앉아야지. 뭐하고 있어?"

"핸더슨, 이게 대체……?"

"어서 앉으라니까."

핸더슨이 재촉하자 조지는 마지못해 자리에 앉았다. 핸더슨이 조지와 눈을 마주치며 빙그레 미소 지었다.

"우린 지금 처음 야학에서 만났을 때로 돌아가 있는 거야. 내 말 무슨 뜻인지 알겠지?"

"……."

핸더슨이 칠판에 세로로 죽 적힌 다섯 개의 단어들 중 맨 윗줄의 단어를 가리켰다.

"자, 조지 학생! 이제부터 선생님이 가리키는 단어를 큰소리로 읽어보도록 하세요! 알겠죠?"

"핸더슨, 이런 장난은……!"

"알겠죠?"

"끄응……."

조지는 결국 핸더슨을 따라 단어를 차례대로 소리 내어 읽을 수밖에 없었다.

"꿈!"

"꿈!"

"희망!"

"희망!"

"사랑!"

"사랑!"

"용기!"

"용기!"

"다니엘!"

"다니엘!"

조지가 단어를 모두 읽고 나자, 핸더슨이 박수를 쳤다.

"아주 잘했어요."

"핸더슨, 이제 그만하자. 내가 너무 피곤해서……."

"우리가 만날 수 있었던 것은 꿈이 있었기 때문이야."

"!"

"조지에겐 증기기관차를 만들겠다는 꿈이 있었고, 그런 꿈이 있었기에 로일을 싫어하면서도 야학에 나왔지."

핸더슨이 조지의 얼굴을 똑바로 쳐다보며 말을 이었다.

"꿈을 향해 노력하는 조지의 모습에서 나는 희망을 보았어. 그리고 그 희망은 서로에 대한 사랑으로 이어졌지. 어때, 내 말이 틀려?"

조지도 고개를 끄덕일 수밖에 없었다.

"아니, 당신 말이 맞아."

"그리고 이제 우리에겐 용기가 필요한 시점이야. 꿈과 희망과 사랑의 힘으로 여기까지 왔지만 성과는 적고 시련은 많아. 그래서 당장이라도 포기하고 싶은 마음이 굴뚝같지. 하지만 우리는 절대로 포기해선 안 돼. 바로 이 마지막 단어 때문이라도!"

타아악!

핸더슨이 지시봉으로 마지막 단어를 세게 짚었다. 조지가 고개를 갸웃했다.

"꿈, 희망, 사랑, 용기는 알겠는데 다니엘은 대체 뭐야?"

"우리 아이의 이름이야."

"뭐라고……?"

"조지 너를 닮은 사내아이가 태어나면 반드시 다니엘이라고 이름을 지어줄 생각이야. 여보, 우리 다니엘을 위해서라도 제발 포기하지 말아줘. 당신이 평생 광부로 살아도 우리 아들은 당신을 존경하겠지. 하지만 당신이 중간에 꿈을 포기했다고 한다면 그 아이도 분명 실망할 거야. 그러니까 제발……."

핸더슨의 눈가에 어느새 눈물이 그득 차올랐다. 조지도 눈물을 글썽이며 핸더슨의 얼굴을 보았다. 조지가 천천히 의자에서 일어나 핸더슨에게 다가갔다.

그가 아내를 꼬옥 끌어안으며 속삭였다.

"미안해, 핸더슨. 당신은 또 이렇게 나를 깨우쳐주는구나. 당신은 나의 영원한 스승이야. 당신의 가르침을 잊지 않고 다시 용기를 낼게."

"사랑해, 조지!"

퉁- 퉁- 퉁- 퉁-!

가을이 막바지에 접어들 무렵, 조지와 핸더슨과 리사는 다시 한 번 증기기관을 가동시켰다. 조지와 리사가 정신없이 연료실에 석탄을

집어넣었고, 배가 부르기 시작한 핸더슨은 약간 떨어진 곳에서 그들을 지켜보았다.

치이이익-!

이번에도 증기기관에서 수증기만 자욱하게 뿜어질 뿐, 바퀴는 움직일 생각을 하지 않았다. 지친 리사가 조지를 힐끗 돌아보았다.

"조지, 이번에도 실패한 게 아닐까?"

"아니야! 플라이휠과 크랭크축이 정상적으로 회전하고 있어! 조금만 더 힘을 내보자!"

"알았어!"

크르르르릉!

영원히 움직이지 않을 것 같던 바퀴가 힘차게 구르기 시작한 것은 바로 그때였다.

"이, 이럴 수가……?!"

조지와 리사와 핸더슨 모두 힘차게 굴러가는 바퀴를 뚫어져라 쳐다보았다. 핸더슨이 조지의 곁으로 다가와 떨리는 소리로 물었다.

"조지, 이거 성공한 거 맞지? 그렇지?"

조지가 핸더슨을 와락 안으며 환호했다.

"성공이야, 핸더슨! 우리가 드디어 증기기관차를 만들었어!"

"꺄아악! 조지, 조심해!"

핸더슨을 끌어안은 채 빙글빙글 도는 조지를 바라보며 리사도 뿌듯하게 미소 지었다.

"저 부부라면 충분히 노력에 대한 보상을 받을 자격이 있지."

조지가 증기기관차를 만들었다는 소문이 와일램 전체로 삽시간에 퍼졌다. 하지만 광부들은 조지의 성공을 쉽사리 믿지 않았다.

"뭐라고? 사람이나 말이 아니라 증기기관으로 수레를 끈다고?"

"에이~ 그게 말이 되는 소리야?"

"증기기관은 탄광 바닥에 고인 지하수를 뽑아 올릴 때나 쓰는 거라고."

조지는 사람들에게 확신을 심어주기 위해 자신이 일하는 탄광의 사장을 찾아가 탄광에 선로를 깔고 증기기관차를 시운전해보자고 제안했다. 하지만 사장은 그 따위 허풍은 믿을 수 없다며 단박에 거절해버렸다. 초겨울까지 여러 탄광을 전전한 끝에 조지는 드디어 킬링워스 탄광의 사장을 설득하는 데 성공했다.

"정말 자네가 만든 증기기관차를 이용하면 사람이나 말이 끄는 것보다 훨씬 많은 석탄을 한꺼번에 운반할 수 있단 말이지?"

"네, 장담할 수 있습니다."

"좋아, 그럼 한번 시험해보세."

아침부터 눈발이 날렸다. 소담스럽게 내리는 첫눈을 조지는 핸더슨, 리사와 함께 침실에서 바라보았다. 출산을 앞두고 진통을 시작한 핸더슨을 리사가 곁에서 돌봐주었다.

핸더슨이 아쉬움이 가득한 눈으로 조지를 보았다.

"나도 오늘의 시운전을 꼭 보고 싶었는데."

조지가 핸더슨의 손을 힘주어 잡았다.

"앞으로도 기회는 얼마든지 있어. 그러니까 오늘은 우리 아기한테만 집중해줘."

"시운전이 끝나면 곧장 달려와서 결과를 알려줘야 해."

"물론이지."

"이제 그만 가봐."

"리사……!"

"의사선생님도 곧 온다고 했으니까 걱정 말고 가."

조지와 핸더슨이 오랜 이별을 하는 사람들처럼 입을 맞추었다.

"사랑해, 핸더슨."

"사랑해, 조지."

킬링워스 탄광 앞에 약 백 미터 가량의 미니 철로가 깔렸다. 조지는 그 철로 끝에 세운, 자신이 직접 제작한 증기기관차에 타고 있었다. 첫눈이 내리는 가운데 수많은 광부들과 시민들이 철로 양옆으로 몰려들어 웅성거렸다.

펑! 펑! 퍼엉!

지역 신문사에서 나온 기자들 십여 명이 연신 카메라 플래시를 터뜨렸다. 조지가 문득 고개를 들어 잿빛 하늘을 올려다보았다.

"핸더슨, 지켜봐줘. 이 성공은 우리 둘이 함께 만들어낸 거야."

이때 철로 저 끝에서 한 광부가 붉은 깃발을 흔들었다. 조지가 떨리는 손을 움직여 조종간을 천천히 잡았다.

"아아악!"

그 시각, 조지의 집에선 비명소리가 울려 퍼졌다. 온몸이 땀투성이로 변한 핸더슨이 고개를 번쩍 쳐들고 처절하게 비명을 내질렀다. 핸더슨의 손을 잡으며 리사가 눈앞에서 허둥대는 젊은 의사를 향해 소리쳤다.

"산모가 고통스러워하잖아요! 어떻게 좀 해봐요!"

"아, 아무래도 힘이 부족한 것 같습니다."

"그, 그럼 어떻게 되는 건데요?"

"그게……."

의사의 표정이 절망적으로 변하자 리사가 자리를 박차고 일어섰다.

"조지를 불러와야 해!"

콰악!

핸더슨이 리사의 손을 잡아당겼다.

"핸더슨……?"

"조, 조지는 지금 꿈을 향해 달리고 있어. 절대로 방해해선 안 돼."

"하지만 네가……."

"리사, 친구로서 마지막 부탁이야……."

힘없이 미소 짓는 핸더슨의 얼굴을 보다가 리사가 그녀의 가슴에

엎드리며 눈물을 쏟았다.

치이이익-!
수증기를 하얗게 뿜으며 증기기관차가 천천히 움직이기 시작하자 광부들 사이에서 탄성이 터져 나왔다.
"움직인다! 정말 움직여!"
"석탄이 가득 실린 탄차를 다섯 개나 연결했는데도 움직이고 있어!"
"와아아! 이건 기적이야!"
사람들의 환호성을 들으며 조지는 철로 끝을 향해 천천히 나아갔다. 그의 눈에선 어느새 뜨거운 눈물이 흘렀다.
"고마워, 핸더슨. 그리고 사랑해."
그동안의 고생이 주마등처럼 스쳐 지나며 조지는 자신이 아내를 얼마나 깊이 사랑하고 있는지 새삼 깨달았다.
끼익!
마침내 증기기관차가 철로 끝에 멈춰 섰다. 킬링워스 탄광의 사장이 달려와 조지의 손을 덥석 잡았다.
"축하하네, 조지!"
"감사합니다, 사장님."
"이 차를 이용하면 훨씬 많은 석탄을 손쉽게 운반할 수 있겠어. 당장 자네와 계약하고 싶네!"
"그게 정말입니까?"

"당연하지!"

사장과 악수하는 조지의 주변을 기자들이 에워싸고는 연신 사진을 찍어댔다. 그런 기자들을 밀어내고 광부들이 우르르 몰려들었다. 광부들이 조지를 목마 태우고 달리기 시작했다.

"와아아! 조지 스티븐슨 만세!"

"증기기관차 만만세!"

인생 최고의 순간이었지만 조지는 어서 집으로 돌아가 아내에게 기쁜 소식을 전하고 싶은 마음뿐이었다.

"여보! 핸더슨! 내가 돌아왔어!"

조지가 현관문을 열어젖히고 뛰어 들어왔다. 하지만 어찌된 영문인지 집은 너무 조용했다.

"다들 어디로 가버린 거지……?"

조지가 조심스럽게 침실의 문고리를 잡았다. 문을 열고 들어서며 조지가 고개를 갸웃했다. 침대 옆에 리사가 우두커니 앉아 있었기 때문이다. 조지가 리사를 향해 다가가며 물었다.

"리사, 집에 있으면서 왜 대답하지 않은 거야?"

"……."

"리사?"

"……조지에게 알리려고 했어. 그런데 핸더슨이 말렸어. 당신이 꿈을 향해 달려가는 것을 방해하고 싶지 않다면서…… 흑흑!"

리사가 말을 잇지 못하고 눈물을 터뜨렸다. 그제야 조지의 시선이 머리끝까지 시트를 뒤집어쓰고 누워 있는 핸더슨에게로 향했다.

"……!"

한동안 멍하니 그 모습을 바라보던 조지가 억지로 웃으며 아내에게 다가갔다.

"리사, 저렇게 머리끝까지 시트를 덮어놓으면 어떡해? 핸더슨이 얼마나 답답하겠어?"

조지가 떨리는 손으로 시트를 걷어내자, 핸더슨의 창백한 얼굴이 나타났다. 그가 아내의 뺨을 쓰다듬으며 짐짓 자랑스런 목소리로 말했다.

"핸더슨, 오늘의 시운전을 당신이 보았다면 얼마나 좋았을까? 탄광 사장은 물론 와일램의 시장까지 나와 악수하기 위해 줄을 섰다고. 대성공이야, 핸더슨! 우리 둘이 마침내 꿈을 이루었어!"

"……."

"왜 그래, 여보? 우리의 성공이 기쁘지 않아? 어서 일어나. 일어나서 나와 함께 축배를 들잔 말이야."

아내의 손을 끌어당기는 조지를 리사가 붙잡았다. 너무 울어서 퉁퉁 부은 눈으로 리사는 또 다시 눈물을 뚝뚝 흘렸다.

"그만해, 조지. 핸더슨은 이미 떠났어. 당신에게 영원히 사랑한다는 말을 남긴 채……."

"시끄러!"

"꺄악!"

조지가 휘두른 팔에 맞은 리사가 비명을 지르며 쓰러졌다. 조지가 핸더슨의 축 늘어진 몸을 끌어안으며 울부짖었다.

"그럴 리 없어! 하필이면 이럴 때 그녀가 떠날 리가 없단 말이야!"

"조지, 제발 진정하고……."

어떻게든 조지를 위로하고 싶어 리사는 힘겹게 몸을 일으켰다.

후우우웅—!

순간 그녀의 몸 윤곽을 따라 빛이 눈부시게 떠올랐다. 빛에 파묻히는 자신의 몸을 내려다보며 리사가 당황스러운 어조로 중얼거렸다.

"지금은 안 돼! 나한테 조금만 더 시간을 줘!"

하지만 언제나처럼 야속한 시간은 그녀를 멋대로 과거로 데려왔다가 또 제멋대로 돌아가게 만들었다. 리사가 서럽게 흐느끼는 조지의 등을 향해 손을 내뻗었다.

"너무 슬퍼하지 마, 조지. 당신이 발명한 증기기관차가 달릴 때마다 핸더슨도 함께 달리고 있을 거야. 당신의 꿈속에서 핸더슨도 영원히 살아 숨 쉬고 있을 테니까."

마지막 말을 마치자마자 리사의 모습이 19세기의 영국에서 홀연히 사라져버렸다.

리사는 어느새 교실 의자에 앉아 있는 자신을 발견했다. 리사의 시선이 방금 전에 받은 시험문제를 들여다보고 있는 선재에게로 향했다. 선재를 보자 어쩔 수 없이 조지에 대한 생각이 떠올랐다.

'나도 핸더슨이 조지에게 그랬듯 선재를 도와줄 수 있을까? 선재와 함께 꿈을 꿀 수 있을까?'

잘 모르겠다고 생각하며 리사는 고개를 흔들었다. 그리고 선재를 향해 나직이 중얼거렸다.

"선재야, 시험 잘 봐. 네가 어떤 꿈을 꾸든 지금 이 순간만큼은 최선을 다하길 바랄게."

리사가 고개를 돌리자마자 담임선생님이 손뼉을 마주치며 외쳤다.

"지금부터 시험 시작!"

"후우우……!"

리사가 크게 심호흡을 하며 시험문제에 집중하기 시작했다.

선재도 시험지를 뚫어져라 보고 있었다. 그런데 첫 문제부터 막혀 버리고 말았다. 재빨리 다음 문제로 시선을 옮겼지만 두 번째와 세 번째 문제도 알쏭달쏭하긴 마찬가지였다.

"이, 이걸 어떡하지? 한 문제도 풀 수 없잖아……?!"

선재가 고개를 푹 숙이며 절망했다.

증기기관차의 발명

1. 기차란?

'기차'를 한자로 쓰면 '汽車'입니다. 뜻을 풀이해보면 '끓는 물의 김으로 움직이는 차'라는 뜻이지요. 옛날엔 물을 끓여 발생하는 수증기를 이용해서 기차가 움직였기 때문입니다. 옛날 사진을 보면 기차의 앞바퀴에서 수증기가 뿜어져 나오는 것을 볼 수 있습니다. 이렇게 증기를 이용해서 움직였던 옛 기차를 '증기기차'라고 부릅니다. 증기기차가 생긴 것은 증기의 힘이 동력을 제공하는 부분인 '증기기관차' 부분이 발명됐기 때문입니다. 증기기관차는 증기기관의 증기 힘을 바퀴 회전에 이용했습니다. 증기기관차가 생기면서 사람은 가축이나 사람의 힘에 의존하지 않고 증기의 힘만으로 이동할 수 있게 되었지요.

2. 제임스 와트의 트래비스 증기기관

기차에 알맞게 증기기관을 적용시키는 데는 꽤 오랜 세월이 걸렸습니다. 제임스 와트(James Watt, 1736~1819)가 만든 증기기관을 기차의 바퀴에 단순히 연결하기만 한다고 기차가 움직일 수 있는 것은 아니었지요. 초기의 증기기관은 철로 된 무거운 보일러와 피스톤이 달린 실린더로 구성돼 있어서 그 자체로 너무 무거웠습니다. 증기기관차는 아래 달린 바퀴를 이용해 이 무거운 기관을 움직이게 해야 했는데, 무거운 기관을 움직이려면 매우 큰 힘이 필요했습니다.

와트의 증기기관을 이용해 무거운 기관을 움직이는 힘을 만들려면 보일러와 실린더의 크기가 굉장히 커야만 했습니다. 하지만 이동을 위해 보일러와 실린더의 크기가 무한정 커질 수도 없는 노릇이었지요. 또한 증기기관차는 높은 압력을 필요로 했는데, 와트의 증기기관은 공기 압력 정도를 만들어낼 수 있는 저압 기관이었습니다. 따라서 증기기차를 위해선 부피가 작으면서 높은 압력을 만들어낼 수 있는 고압 증기기관이 필요했습니다.

영국인 리처드 트레비식(Richard Trevithick, 1771~1833)은 '트레비식 고압 증기기관'을 제작해 증기기관차를 처음으로 시험 운전하는 데 성공했습니다. 트레비식 고압 증기기관은 와트의 증기기관에 있던 응축기를 없애고 대신 보일러에서 발생하는 증기로 움직이는 피스톤이 장착된 실린더가 들어갔습니다. 트레비식 증기기관은 실린더 모양의 보일러에 수평으로 장착된 한 개의 실린더, 보일러 연소에 쓰이는 석탄 가스가 배출되는 연통, 실린더 피스톤 봉에 연결된 바퀴로 구성됐습니다.

트레비식은 자신의 증기기관을 이용해 최초의 기관차를 만드는 데 성공했습니다. 1804년 영국 웨일즈에서 첫 선을 보인 이 기관차는 무게가 무려 5톤이나 나갔지만 70명의 사람과 석탄차를 포함해 모두 25톤이 나가는 차량을 시속 8km로 이동시킬 수 있었습니다. 웨일즈 탄광촌 사람들은 말이 아닌 기계가 사람을 나르는 광경을 처음으로 구경하고 놀라움을 표시했답니다.

3. 철도의 시대를 연 스티븐슨

트레비식의 기관차를 발전시켜 본격적인 '철도의 시대'를 연 사람은 엔지니어였던 조지 스티븐슨(George Stephenson, 1781~1848)입니다. 스티븐슨은 트레비식과 달리 실린더를 수직으로 장착하고 보일러 등을 개량했습니다. 이를 통해 시속 39km까지 낼 수 있는 증기기관차인 '로코모션'을 개발해 최초의 석탄수송 철도노선인 스톡턴과 달링턴 노선에 투입했습니다. 스티븐슨은 당시 발달했던 제철 공법을 활용해 기차가 다니는 선로도 개량했는데, 육중한 무게의 기관차가 제대로 이동하기 위해선 튼튼한 선로가 필요했기 때문입니다.

1829년에는 증기기관차의 표준 모델이 된 '로켓'호가 개발되었습니다. 로켓호는 당시 기관차 경진대회에서 시속 48km의 속도로 우승했습니다. 로켓호가 최고 속도를 낼 수 있었던 이유는 여러 개의 관이 들어 있는 보일러를 이용해 연소가스의 열이 증기를 효율적으로 생산할 수 있게 했기 때문입니다. 이전 기관차 보일러에는 한 개의 파이프만 있었으나, 로켓호 보일러에는 25개의 구리 튜브가 들어 있었습니다. 로켓호에는 두 개의 실린더가 장착됐으며 연소실이 보일러와 분리됐고 연소실 두께도 두 배로 늘어났습니다. 이전 증기기관차보다 훨씬 효율이 높아진 로켓호는 최초의 여객용 정기 노선인 리버풀과 맨체스터 노선을 달렸습니다.

증기기관차의 발전은 일상생활에 크나큰 변화를 가져왔습니다. 사람과 물자의 이동 시간은 매우 빨라졌고 여행 자체가 이전보다 훨씬 편해졌지요. 로켓호가 장착된 기차는 우편 마차보다 두 배나 빨랐고, 요금은 마차의 3분의 2에 불과했습니다. 가장 빠른 말로도 시속 18km 밖에 낼 수 없었지만 기차는 시속 50km까지 속도를 낼 수 있었습니다. 말에게 먹이를 주거나 지친 말을 교체하기 위해 1시간마다 여행을 멈추는 일들도 사라졌고, 한결 편해진 여행으로 여행객은 점차 증가했습니다. 맨체스터와 리버풀 노선은 증기기차 개통 후 1년도 채 안 돼 50만 명이 이용할 정도였습니다.

기차의 빠른 속도는 국가 경제에도 지대한 영향을 미쳤습니다. 공장에서 생산된 물건들이 인근 지역을 벗어나 멀리까지 팔려나가게 됐기 때문입니다. 서울 공장에서 생산된 물건을 다음 날 부산에 있는 사람이 구입하는 일이 가능해진 것이지요. 이렇게 되자 점점 더 많은 공장에서 기계를 이용해 더 많은 양의 상품을 생산했습니다. 유럽 대륙에서는 철도가 발달하면서 이웃 지역으로 수출하는 상품이 늘어났고, 그러면서 경제의 규모가 전체적으로 커졌습니다.

또한 증기기차의 발달은 사람들이 시간을 엄격하게 지키게 되는 계기가 되었습니다. 마차가 다니던 시대에도 마차의 도착 예정시간이 있었으나 제 시간에 도착하는 경우가 거의 없었습니다. 반면 기차는 거의 정해진 시각에 도착해, 옛날 마차를 대하던 것처럼 느긋하게 기차역에 도착하면 기차는 이미 떠나고 없었습니다. 따라서 사람들은 기차 시간을 정확히 지켜야 했고 이것이 습관이 되면서 많은 사람들이 시계를 보기 시작했지요. 기차의 발전이 시계산업의 발전으로 이어진 셈입니다.

4. 디젤기관에 의해 역사의 뒤안길로 밀려나다

증기기관차는 19세기 말부터 새로운 기술에 밀리기 시작했습니다. 디젤기관차 등 증기기관차보다 편리한 기술이 등장하며 증기기관차의 입지는 점점 좁아졌지요. 각

종 기계 기술의 발달로 초기의 트레비식 증기기관차에 비해서 비약적인 발전을 했지만, 기관차 가동 전에 충분한 예열 시간이 필요하며 증기 발생을 위해 충분한 물을 필요로 하는 등 불편한 점이 많았습니다. 이런 단점을 보완하며 등장한 것이 디젤 기관입니다.

증기기관을 작동하는 데는 여러 사람이 필요했지만 디젤기관은 한 사람만으로 작동이 가능했습니다. 또한 증기기관에 비해 훨씬 조용하고 날씨 변화에 의한 지장도 거의 없었고 시동과 중지도 훨씬 쉬웠지요. 증기기관처럼 늘 정비와 청소가 필요하지도 않았습니다. 이런 장점들로 인해 디젤 기관차는 증기기관차를 역사의 뒤안길로 밀어내고, 점차 그 자리를 차지하게 되었습니다.